Saubere Cyber-Verbrechen
1. Auflage, erschienen 2017

Umschlaggestaltung: Buchwerk Verlag
Text: Larry B. Ritter
Layout: Buchwerk Verlag

ISBN: 978-3-96086-083-9
Preis: 12,95 €

Inh.: Manfred Schenk KG, Klosterster. 1, 41363 Jüchen
Persönlich haftender Gesellschafter: Manfred Schenk

www.buchwerk-verlag.de

Saubere Cyber-Verbrechen

Larry B. Ritter

Inhalt

Vorwort

Wie in allen anderen Werken der Bob Horner Serie vermengen sich auch in diesem Buch drei Dimensionen: Die des klassischen Krimis mit der des finanz-wirtschaftlichen Berufsumfeldes des Helden und der problematischen Welt der Reichen mit den in ihr verankerten Problemen.

Somit sollte der Leser nicht vergessen, dass alle vorkommenden Personen fiktiv sind und somit ihre Interaktionen mit anderen Personen auch nur literarische Erfindungen des Autors sind.

So ist auch die Rolle des CERN hier in einer hypothetischen Form beschrieben. Die hier erwähnten Internetvorlesungen, Einrichtungen von Chat Rooms usw haben in dieser Form nie stattgefunden, und da die Figur der Frau von Bob Horner erfunden ist, können auch die Absprachen mit dem CERN nicht erfolgt sein.

In der Szene, in der der Held des Buches einen Vortag in der UNO hält, stammt der Unterausschussaus der Phantasie des Autors. Die sonstigen Angaben betreffend der Gebäude und Umgebung entsprechen der Realität.

Einen speziellen Dank haben sich meine Freunde, die Brüder Huck als Editoren verdient, die dieses Buch aus meinem Geschäftsdeutsch in lesbare Literatur transferiert haben.

Genf, im Dezember 2016:
Larry B. Ritter

Akt 1: Die große Krise

Szene1:Der Akzelerator im Schlosshotel Divonne

Szene 2: Business as usual im Sydney Marriott

Szene 3: Verschärfung der Lage

Szene 4: Urlaub im Royal Savoy Madeira

Szene 5: Patentrechtliches im Berliner Ritz Carlton

Szene 1:
Der Akzelerator im Schlosshotel Divonne

Im Rückblick auf das erste halbe Jahr 2016 hatte Bob den Eindruck, dass jedes wichtige Ereignis mit einem Hotel verbunden war. So war sich der Bankfachmann mit englischen Vater, deutscher Mutter und einem amerikanischen Pass sicher, dass der Beginn der gesundheitlichen Krise von Jela die Feier im Schlosshotel zur Verleihung der Doktorwürde an seine Frau gewesen war.

Nachdem er Jelas Doktorvater Ende 2014 in die körperliche Problematik seiner Frau eingeweiht hatte, war es beiden ganz gut gelungen, die Doppelbelastung des Studiums und der Arbeit an ihrem PhD-Titel in Grenzen zu halten. Trotz allem gab es Phasen, in denen Jela an den Folgen ihrer Schussverletzung litt und sich stark auf sich selbst zurückzog.

Da das CERN in Genf als Arbeitgeber von Jela sehr an der Veröffentlichung ihrer Thesen interessiert war, hatten sich alle Beteiligte auf eine unübliche ‚inoffizielle' Veröffentlichung geeinigt, die erst mit dem Erwerb des Master-Titels den akademischen Regeln entsprechend zur Verleihung des Titels führen würde. Wegen der sich rapide verschlechternden Gesundheit von Jela wurde dann beschlossen, die Verleihung vorzuziehen.

So hatte Bob das Schlosshotel in Divonne gemietet, das ganz in der Nähe der Horner Residenz lag, und Sandrine und Lise hatten alles organisiert.

Die Chefin von Jela beim Europäischen Atomforschungszentrum CERN, eine sehr attraktive Inderin namens Rana kümmerte sich um die Einladungen in der wissenschaftlichen Welt und so erschienen dann fast vierhundert Leute auf dem Berg über dem Städtchen Divonne. Sogar die Presse und das Fernsehen waren anwesend, und nicht nur Bob machte sich Sorgen, wie Jela den Rummel überstehen würde.

Damit die beiden Jungen an der Feier teilnehmen konnten, die sonst im Internat waren, fand die Feier an einem Samstag statt. Das Ereignis verlief ganz zufriedenstellend; selbst das Wetter war schön.

Jela schwebte im siebenten Himmel, die Kinder spielten im Park, Lise achtete auf die Bedienung und Sandrine war in ihrer Lieblingsrolle, sie machte mit Bob die Honneurs. Sie sah sich schon in der Rolle der Schulleiterin. Man hätte meinen können, sie sei Bobs Frau!

Die nordische Schönheit Irina, die immer noch an ihrem Australien-Trauma arbeitete, hielt sich stark im Hintergrund und half mit den Kindern. Allerdings setzte die Junior-Partnerin in der Kinderarzt-Praxis ihren Anspruch auf Bobs Bett klar und deutlich durch. Bob fühlte sich wegen ihres Engagements für seine Tochter Lena stark verpflichtet und ließ sie die Lücke füllen, die Jela jetzt immer häufiger schuf. Er musste sich eingestehen, dass es ihm nicht allzu schwer fiel!
Die erste Rede war die von Jelas deutschem Doktorvater namens Wolf, der ihre Leistung hervorhob, die gerade im CERN entdeckten Bozons mit einer mathematischen Beschreibung zu erklären.

Scherzhaft berichtete er, dass er sie gerade noch rechtzeitig bremsen konnte, bevor sie trotz der noch fehlenden empirischen Daten ein Gesamtmodel zusammengestellt hätte. Es gefiel Bob gar nicht, dass Wolf seine Laudatio mit der Bemerkung schloss, dass er die nächste Feier dann in Stockholm sehen würde: Zur Verleihung des Nobelpreises. An die übermäßige Konzentration von Jela denkend, die sie schon bei der Doktorarbeit gezeigt hatte, befürchtete er Arges. Der Beifallsturm der Wissenschaftler verstärkte dies Gefühl nur. Er hatte gar nicht gewusst, dass diese sich sonst sehr zurückhaltend verhaltenden Menschen so aus sich herausgehen konnten.

Die zweite Rede war nur kurz; der neue Projektchef gab nur bekannt, dass das CERN mit dem zweiten Durchlauf des Beschleunigers und wesentlich erhöhter Geschwindigkeit neue Ergebnisse erhalten würde, so dass Jela ausreichende Datenmengen erhalten würde, ‚um sich die nächsten hundert Jahre zu beschäftigen‘. Bob hoffte, dass diese Aussichten Jela etwas abkühlen würden.

Die Dankrede von Jela war nicht gerade eine rhetorische Meisterleistung. Sie war viel zu aufgewühlt dafür. Rana überreichte ihr das Geschenk der Mitarbeiter des CERN: Drei Bücher voll mit Widmungen von CERN Mitarbeitern.

Gegen zehn Uhr brachte Sandrine die Kinder zurück zum Haus, kam dann aber zurück, da ihre Haushälterin, Shida, auf sie aufpassen würde, was durchaus nötig war, denn die Rasselbande war sehr aufgekratzt.

Gegen elf Uhr war Jela so erschöpft, dass Lise sie die wenigen Kilometer nach Hause fuhr, und sie mit einer Schlaftablette im großen Familienbett versteckte. Dann schickte sie Shida nach Hause und hielt Wache neben Jela.

Als die ersten Gäste begannen, sich bei Bob und Sandrine zu verabschieden, begannen Bob und Rana ein Gespräch, dass dann eine Lawine in Gang setzte. Er äußerte seine auf Erfahrung basierenden Bedenken, dass es Jela immer schwerer zu werden schien, aus der künstlichen mathematischen Welt in die Realität zurück zu finden. Er schob die Kinder als Opfer vor, sah sich aber auch selber in dieser Rolle. Rana verstand ihn nur zu gut. Sie selbst hatte manchmal Schwierigkeiten, zu ihrer Freundin durchzukommen. Sie beschlossen, abzuwarten, wie die Sache sich entwickeln würde und sich gegenseitig auf dem Laufenden zu halten.

Eine Weile schien sich die Situation auch wirklich zu verbessern; Jela beteiligte sich an den abendlichen Schwimmvergnügen der Familie und war auch ganz offen, als Ahmed, mit seinen bald vierzehn Jahren das älteste der Horner der Horner Kinder seinen heimlich aufgenommenen Film von der Doktor-Feier zeigte. Sie fand die stolzen Kommentare und die Interviews ihrer Kinder zu ihrem Tag recht lustig. Leider brachte es die ganze Thematik wieder zurück.

Rana teilte Bob mit, dass seine Frau auch wieder mit ihr und anderen Mitarbeitern zum Essen ginge, aber wesentlich mehr arbeitete, als ihre halbe Stelle es verlangte. Mit den Stunden in ihrem Computer-Raum bei sich zu Hause kam sie nach ihrer gemeinsamen Schätzung aber auf circa fünf und fünfzig Stunden pro Woche.

Er sah aber noch ein anderes Problem; mit den drei anderen Frauen in seinem Haushalt war er sexuell sicherlich nicht unterausgelastet, aber seitdem sich Jela ein Zimmer neben dem Computer-Raum eingerichtet hatte, schlief sie auch sehr oft in dem kleinen Bett dort, und ihre Nähe fehlte ihm doch.

Er benutzte ihre gemeinsame Tochter Lena als Stimmungsbarometer und da die sich kaum noch vor die Zeit der ‚PMD'-Arbeit, wie die Kleine das nannte, erinnern konnte, fand sie es normal, dass sie ihre Mutti an manchen Wochenenden nicht viel sah.

Dann, ganz plötzlich, Mitte 2016 verschärfte sich die Lage: Jela begann manchmal, die Nächte durchzuarbeiten.

„Dann habe ich besseren Zugriff zu den Rechnern und muss nicht solange auf Ergebnisse warten", war ihre Begründung, als Bob sie darauf ansprach.

Bob verabredete sich mit Rana in Genf und die beiden diskutieren, wie sie Jela aus ihrem Arbeitsrausch herausholen könnten. Dabei fiel es Bob wieder auf, wie attraktiv die Inderin mit ihren pech-schwarzen Haaren war. Vor langem hatte er sie die ‚zweitschönste Frau' im CERN genannt. Als er seine Hand auf ihre legte, zog sie sie nicht weg.

Vielleicht deshalb machten beide dann den Fehler, ihre Idee als gut zu befinden. Sie glaubten, dass ein deutlicher Schlusspunkt hinter einer gut definierten Aktivität Bob eine deutliche Chance geben würde, Jela umzupolen und ruhiger zu machen. Rana wollte Jela eine Vorlesungsreihe im CERN geben lassen, an der alle Interessierten teilnehmen könnten.

Nach vier Sitzungen sollte damit Schluss sein, so dass Bob sie dann in einem Urlaub ‚angreifen' könne. Sie beschlossen, diese Idee noch einmal in Genf zu besprechen.

Für das nächste Treffen reservierte Bob aus alter Tradition das schicke Hotel ‚Beau Rivage', wo er schon Dora und Sybil verführt hatte. Nach mehreren Stunden des Zusammenseins erzählten sich die beiden dann von ihren Kindern und vergaßen ganz das Thema ‚Jela', das dann erst beim Frühstück zur Sprache kam. Rana gab ihm bekannt, was sie vorhatte, und Bob fand alles in Ordnung. In seiner Einschätzung würden sowieso nicht mehr als zehn bis zwanzig Leute an Jelas Vorlesung interessiert sein.

Am folgenden Wochenende stürmte dann Jela auf ihn mit der Vorlesungsidee ein. Er müsse sie unbedingt trainieren, denn so ein Gestottere wie bei der großen Feier könne sie sich nicht regelmäßig leisten.

Außerdem brauche sie erstklassige graphische Unterlagen und Präsentations- und Überzeugungstechniken wie sie das von ihrem Berater-Ehemann gewöhnt sei. Innerlich verfluchte Bob sich und Rana: das klang gar nicht nach ablassender Arbeitslast und brachte nur eine zusätzliche Motivation für seine Frau. Bei dem nächsten Treffen mit Rana beschwerte er sich denn auch, aber sie konnte Jelas Energie immer noch nicht voll einschätzen, und hatte langsam Gefallen gefunden an den wilden Nächten mit Bob.

Von jetzt an war nicht nur Jela Tag und Nacht beschäftigt, sondern auch Bob musste voll in die Arena.

Er ließ sie Argumentationsabläufe aufbauen, die sie dann gemeinsam umstellten, so dass die Zuhörer vom Ergebnis rückwärts zu den Beweisen geführt wurden. Manchen Abend machten sie dann Vortragsübungen, bei der Bob alle Rhetorik-Tricks anwenden konnte, die er von ihrer gemeinsamen Freundin Abbey, einer Reporterin gelernt hatte. Jela war begeistert und schlief sogar ab und zu mit ihrem Mann.

Jetzt gingen aber Sandrine und selbst Lise auf die Barrikaden. In den Familienratssitzungen gab es massenhaft Vorwürfe, die das Ehepaar nur abwehren konnte, indem es versprach, dass es dann nach der ersten Vorlesung alles vorbei sein würde. Für den Moment gaben die Beiden knurrend nach. Nur Irina verhielt sich wie immer.

Aber Jela legte sie alle herein. Sie ließ sich mit Bobs Kamera filmen und lud dann alle vier zu einer Manöverkritik ein. Bob wurde richtig wütend: Er wollte ein Problem mit Jela lösen und jetzt hatte sie alle Erwachsene des Klans zum Bestandteil des Problems gemacht. Er hatte sich selbst hereingelegt!

Als Lehrerin hatte Sandrine durchaus Beiträge zu leisten für die Verbesserung des Vortrages und ging damit ebenfalls in die Falle. Lise und Irina waren vorsichtig, sie wollten wie immer keine Dissonanzen erzeugen. So machten sie alle eine gute Miene zu einem gefährlichen Spiel. Die Kinder bekamen nicht viel mit, nur Ahmed drohte ab und zu damit, die Wochenenden lieber mit Kumpels zu verbringen.

Der entscheidende Schritt auf die Krise zu war die zweite Vorlesung. Aus der ganzen Welt hatten sich Zuhörer angemeldet.

Statt der fünfzehn Zuhörer hatten sich fast vierhundert eingeschrieben und um eine erweiterte Form mit Fragemöglichkeiten gebeten. Außerdem solle der erste Teil nochmal einleitend wiederholt werden.

Kurz vor der Veranstaltung gab das Direktorat des CERN dann nach, die Veranstaltung solle live aus dem Auditorium im Internet übertragen werden. Die letzten vierzehn Tage vor dem Ereignis war von Jela nicht mehr viel zu sehen. Ab und zu holte sie sich Präsentationshilfen von Bob oder Sandrine, wenn er auf Reisen war. Sie hatten die Kinder informiert und bald wusste das ganze Städtchen, das ‚die Milliardärsfrau im CERN eine große Schau geben würde'. Töchterchen Lena trat auf, als wenn sie Presse-Attaché ihrer Mutter sei, bis sie von Sandrine auf dem Schulhof erwischt wurde, wie sie ihrem Freund JP klarmachte, wie toll ihre Mutter sei. Ungeniert fügte sie hinzu, dass sie dies allen in der Schule klarmachen wollte.

Für den kritischen Tag hatte Bob gelogen, dass er nach Berlin müsse, um den Druck auf Jela zu verringern, saß dann aber doch hinten im Auditorium neben Rana. Sie hielten sich an den Händen und waren beide aufgeregter als Jela, die sich zum Start an ihren Over-Head-Folien festhielt und so gut in Gang kam.

Wie Bob ihr empfohlen hatte, nahm sie nach der Wiederholung keine Fragen an und ging direkt in den zweiten Teil, der in der Fachpresse später als wissenschaftliches Ereignis des Jahres gefeiert wurde. Niemals sah Jela schöner aus, die große Frau mit den schwarzen Haaren und Augen.

Sie unterstrich mit dem Laser-Pointer ihre Ausführungen und begann sogar, einige witzige Elemente einzubauen, die Bob allerdings nicht verstand. Sie war ganz in schwarz gekleidet, so dass sie fast mager wirkte. Bob war gerührt. Mehrfach hatte er beinahe Tränen in den Augen und beschloss, seine ‚Sessions' mit Rana einzustellen.

Da die Fragen und Antworten dann kein Ende nehmen wollten, musste Rana eingreifen, um Jela vor dem Zusammenbruch zu bewahren, und bat um die Zusendung der noch offenen Fragen. Das war nett gemeint, erzeugte aber später den Druck von gut zweitausend Fragen für Jela. Bob brachte seine Frau nach Hause und packte sie ins Bett, wo sie sofort einschlief. Sie war nicht einmal verwundert, dass er da war.

Nach einer Woche strenger Bettruhe und einem Anpfiff erster Klasse von Lise, durfte Jela langsam wieder zurück ins Leben. Lise hatte die Zeit nach Jelas Koma noch in guter Erinnerung und versuchte ihre Freundin vor einem totalen Burn-Out zu Bewahren.

Ihre Kinder behandelten sie wie einen Pop-Star und erst als sie bemerkten, dass Lena einen regen Handel mit Selfy-Photos von sich mit ihrer Mutter betrieb, mussten Regeln aufgestellt werden. Gott-sei-Dank behielt Lise ihren kühlen Kopf und erließ einige strenge Verbote wie die Nicht-Weitergabe von Telephon-Nummern und ähnliches. Lena schmollte ein wenig, weil man ihr die Rolle als Tochter der berühmten Mathematikerin genommen hatte.

Außer ihrem Doktorvater und Rana durfte auch niemand mit Jela telephonieren. Lise organisierte Spazierfahrten für sie mit Bob während der Woche und mit dem ganzen Klan am Wochenende damit Jela beschäftigt war und regelmäßig etwas zu essen erhielt. Nachts war sie aber mehrfach in den Computer-Raum geschlichen und hatte sich ihre Vorlesung angesehen. Nach dem anfänglichen Schock, sich selbst zu sehen, war sie aber ganz zufrieden mit ihrer Vorstellung „Vielen Dank, Bob". flüsterte sie mehr als ein Dutzend Mal.

Die meisten Leute wären wohl mit ihrem Erfolg zufrieden gewesen; nicht so Jela. Sie beschwerte sich bitterlich bei Bob und Rana bei einer Lagebesprechung drei Wochen nach dem Weltereignis:

„Was habe ich denn von meinem angeblichen Triumph, wenn ich jetzt tausende von Mails beantworten muss und gleichzeitig die nächste Konferenz vorzubereiten habe. Ich habe ja noch nicht einmal alle Modelle nachgerechnet, die ich das nächste Mal vorstellen muss!"

Rana und Bob fühlten sich schuldig, kamen aber zu keiner richtigen Lösung, da der nächste Termin schon bekannt gegeben worden war. Sie hatten ein erstklassiges Dilemma! Instinktiv drängte Rana auch nicht, ihre Sessions in Hotels fortzusetzen. Sie trafen sich mehrfach in Cafés in der Nähe vom CERN, um die Lage von Jela zu besprechen.

Um sie vor einer Panik zu schützen, hatten sie beschlossen, dass Jela den dritten Teil ohne eine Überprüfung ihrer Berechnungen abhalten sollte.

Rana hatte vorgeschlagen, die ‚werten Kollegen‘ aufzufordern, Teile des Modells für Jela zu verifizieren und sich dazu im Internet selbst zu koordinieren. Das CERN stellte hierfür einen Chat-Space unter dem Code-Wort ‚Jela‘ zur Verfügung. Wieder hatten sie sich selbst hereingelegt! Diese Aktivität wurde so umfangreich, dass das CERN später drei bis vier Mathematiker abstellen musste, um die entstehende Dynamik zu kontrollieren.

Szene 2: Business as usual im Sydney Marriott

All die Sorgen um Jelas Gesundheit konnten natürlich nicht das Geschäft von Bob zum Erliegen bringen. So war er Ende Januar des Jahres 2016 in Australien gewesen, um den Deutsch/Australischen Investitionsfond formell in Gang zu setzen, den er im Herbst vorbereitet hatte. Sein Freund Jerry aus Frankfurt hatte die Hintergrundarbeiten, vor allem die Due Diligence Prozesse der Kerninvestoren und der ersten Beteiligungsfirmen durchführen lassen, und es waren keine speziellen Probleme aufgetreten. Die ersten Milliarden konnten eingelegt werden, und Sybil als Hauptinvestor und Initiator hatte sich völlig überraschend zur Gründungsfeier angekündigt. Während Jerry und Bob vier Tage vor der Feier anreisten, würde sie allerdings erst am Tag vor den endgültigen Unterschriften in Sydney eintreffen.

Der lokale Vertreter von Sybil, die als eine der reichsten Frauen Europas auch eine Anzahl von Firmen in Australien beherrschte, hatte alle Veranstaltungen im Sydney Marriott Hotel organisiert, da die meisten Firmen hier im CBD (Central Business District) ihre Hauptquartiere hatten.

All diese Prozeduren waren für Bob, dessen Kopf ständig an seine Frau dachte, eher lästig, aber seine Speeches waren wie immer gut geölt mit Humor, für Kenner fehlte allerdings der sonst so zündende Pepp. Als ihn dann auch noch Sybil wie in guten alten Zeiten nachts beschlagnahmte, war er schlechter Laune, was bei ihm wirklich selten vorkam. Selbst Jerry bemerkte dies und wollte ihn aufmuntern:

„Meine Frau bestellt die besten Grüße. Sie ist schwanger." Bob gratulierte und erschrak nur kurz. Tinneke hatte ihm versichert, dass sie nicht von ihm schwanger war und er glaubte ihr.

Ansonsten war Bob so stark mit Geschäftlichem und in der Freizeit mit Sybil beschäftigt, dass er nicht dazu kam, Ordnung in seine Themen zu bringen. Es störte ihn auch nicht, dass es für Jerry ganz offensichtlich wurde, dass er weiterhin eine Beziehung mit Sybil hatte, die immerhin seine Kundin war.

Bob war froh, dass ein weiterer Auftrag von Sybil, nämlich eine Beteiligung an einer der weltweit agierenden Rohstoff-Companies zu erwerben, vertagt worden war. Die Eigentümer warteten die Schadensersatzansprüche der brasilianischen Regierung ab, bevor sie auf Sybils Angebot für eine qualifizierte Minderheitsbeteiligung eingehen wollten. Sybil ärgerte die Verzögerung zwar, konzentrierte sich dann aber auf die mehr privaten Nebeneffekte ihrer Dienstreise nach Sydney.

Zu allem Überfluss meldete sich auch noch Narud, die Chefin eines Start Up Unternehmens, der Bob seine Hilfe angeboten hatte. Sie wolle ihn unbedingt sehen. Obwohl es Bobs Priorität war, Jela wieder auf die Beine zu bringen, zwang er sich, auch noch dieser Verpflichtung nachzukommen.

Wenigstens bei Narud konnte er sicher sein, dass sie nicht von ihm schwanger war. So traf er sich mit ihr am Tag vor seinem Rückflug im Restaurant des Hotels, das er wegen des schönen Blickes auf den Circular Quay liebte.

Die Geschichte stellte sich als merkwürdig verstrickt heraus und zwang Bob, tiefer in die Welt der Know How Kriege zwischen den großen Wirtschaftsmächten einzusteigen. Narud war tatsächlich bis unter die Augen schwanger und musste sich sehr konzentrieren, um ihr Anlegen verständlich zu machen.

„Lieber Bob, ich mache dir erst einmal eine Zusammenfassung, damit du die großen Linien sehen kannst, und dann gehen wir tiefer, wo es dir wichtig erscheint. Alles klar?“ Bob sah sie an. Ihr Prozess-Management gefiel ihm.

„Also, in Berlin, bei Deinen Satelliten Freunde musste ich lernen, dass wir sehr spät dran waren mit unserem GPS für das Weltall.“ Bob erinnerte sich sehr wohl an den überraschen Ausgang des gemeinsamen Besuches und Narud fuhr fort: „Um wenigstens meinen persönlichen Einsatz aus der Firma zurück zu erhalten, bot ich mehreren Firmen in den USA unser Know How an, erhielt aber merkwürdigerweise überhaupt keine Reaktion. Nicht einmal ein Verhandlungsangebot! Als wir schon nichts mehr erwarteten, las ich dann eines schönen Tages eine Art Einschreiben von der Anwaltsfirma eines der bedeutsamsten US Rüstungskonzerne. Die Botschaft war einfach: Gegen Zahlung von fünf Millionen Dollars würden sie auf eine Klage wegen Patentverletzung verzichten. Sie war entrüstet: „Ha, diese Schlitzohren! Wir als Zwerg haben doch keine Chance gegen diesen Goliath.“

Die Frau war am Ende ihrer Kräfte. Bob bot ihr an, das Gespräch später weiter zu führen. Als sie ablehnte, zwang er sie aber, ihre Abholung in einer Stunde vom Hotel zu organisieren.

„Lass mich die Sache zu Ende erklären. Den Rest können wir leicht per Skype erledigen. Also rief ich in Berlin an, wo sie mir stolz erklärten, dass sie vor über zehn Jahren ein Patent angemeldet hatten."

„Meine aufkeimende Hoffnung wurde aber schnell gestoppt, denn sie erklärten mir, nicht genügend Geld für eine weltweite Verteidigung ihres Patentes zu haben."

Die Enttäuschung war Narud anzumerken. „Außerdem sei das GPS nur ein kleiner Bestandteil ihres Produktportfolios. Ich könne ja gerne die Rechte daran für einen kleinen Betrag kaufen, aber allein für Europa hatten sie fünfzehn Millionen an Rechtskosten kalkuliert."

„Damit ist die Sache wohl kaputt oder hast Du das nötige Kleingeld", fragte Bob vorsichtig, aber sie schüttelte den Kopf. Er wollte ihr etwas Hoffnung machen und fuhr fort:

„Es gibt aber in dieser merkwürdigen Welt so etwas wie Litigation Funding (Finanzierung von Rechtsstreitigkeiten), Leute, meist spezialisierte Anwaltskanzleien, die solche Auseinandersetzungen finanzieren, gegen Erfolgsbeteiligung, versteht sich. Ich habe mich informiert, aber richtige Profis für Patentfragen gibt es meist nur in England oder den US."

Sie diskutierten noch eine Weile und tauschten sich über ihre Familien aus. Dabei kam heraus, dass Naruds Clan in Ost-Afrika ein Vermögen gemacht hatte, bevor sie verjagt wurden und sich in Australien niedergelassen hatten. Erst dann kam der Vorschlag von Narud:

„Ich könnte den Berlinern vier Millionen für eine Übernahme der IP (Intellectual Property) Rechte zahlen und gäbe ihnen eine freie Nutzungslizenz für zehn Jahre. Voraussetzung dafür wäre aber eine Finanzspritze von circa 25 Millionen für Rechtskosten gegen 20 Prozent des Streitgewinns von einem Investor. Dann streite ich mich gerne mit diesen Typen in den US, und wenn es Jahre dauern sollte."

Sie sah Bob fragend an. Der lachte auf. Da ihm die streitbare Dame gefiel, willigt er ein, mit seinen Berliner Satelliten Freunden zu reden. Dann käme er zurück zu ihr. Sie fiel ihm beinahe um den Hals.

Szene 3: Verschärfung der Lage

Die Flugzeit von sechsundzwanzig Stunden auf der Heimreise gab Bob dann endlich die Zeit, seiner Lieblingsbeschäftigung nachzugehen, eine Übersicht über seine Aktivitäten und Prioritäten zu machen. Als Banker nannte er das seine ‚Bilanz' und das Ergebnis waren Aktionslisten und gegebenenfalls vorläufige Strategien.

Als erstes stellte er eine Aktionsliste für die ‚Operation Narud' auf, weil es ihn irgendwie reizte, sich gegen eine Macht aufzulehnen, die von schlichter ökonomischer Masse als Argument ausging.

Einziges Problem: Er müsste seinen Ansatz, im Interesse seines Klans keine Risiken einzugehen, in Frage stellen. Allerdings hatte er mit den regelmäßigen Einkünften als Chef des australischen Fonds zusätzliche Stabilität gewonnen und Sybil hatte ‚aus steuerlichen Gründen' die Prämienzahlung für die Gründung des australischen Fonds als Weihnachtsgeschenk vorgezogen. Dass der für die Ukraine gegründete Fond wegen der unsicheren Lage dort nicht gut lief, schien sie nicht zu stören.

Als die Narud-Liste vollständig war, schlief er eine Weile und widmete sich dann den weiteren Posten seiner Bilanz. Eigentlich hätte die Welt im Frühjahr 2016 in Ordnung sein können: Das gemeinsame Beratungsgeschäft mit Laura lief zwar unregelmäßig, aber die wenigen Aufträge, die sie annahmen, brachten so bedeutsame Honorare und vor allem Boni, dass beide finanziell schon nach kurzer Zeit ausgesorgt hatten.

Als einziges Problem stellte sich die abnehmende Verzinsung risikoarmer Papiere und die Unruhe an den Aktienmärkten als Folge der Krise in China und der Niedrigzinspolitik der Nationalbanken heraus.

Bobs Partnerin Laura war zwar Weltmeister im Ausnutzen fallender Kurse und Preise durch Leerverkäufe, aber das hohe Risiko machte Bob zumindest für die eigenen Anlagen nervös. Deshalb suchte er Anfang 2016 für die nahezu eine Milliarde, die er für seine Adoptivtochter Carla verwaltete nach besser kontrollierbaren Investmentformen, war aber noch nicht fündig geworden.

Ein wesentlicher Pluspunkt für seine Bilanz: der Horner Clan funktionierte sehr gut unter dem Management von Lise, der Kinderärztin, und Sandrine nahm ihre Halbzeitbeschäftigung als Lehrerin ernst und freute sich, mehr Zeit für ihre Tochter Amélie und die anderen Kinder des Clans zu haben. Besonders engagiert zeigte sie sich für Jaim, der sie als Vollwaise dringend als Ersatzmutter benötigte.

Sobald Bob aber an Jela dachte, wurde seine Miene sehr ernst. Er dachte an die Szene in seinem Haus, die wohl verantwortlich war für den letzten Absturz seiner Frau.

Er war am Vorabend spät aus London gekommen und Sandrine hatte ihn abgeholt. Sie genoss es wie immer, Frau Horner spielen zu können und hatte ihn dann im Bett auch ganz ordentlich gefordert. Alle anderen schliefen schon, als sie ins Haus gekommen waren. Früh am Samstag hatte Bob seine beiden anderen Frauen besucht, die ihn verschlafen zu sich ins Bett ließen.

Nach dem Frühstück hatte Sandrine dann auch Jaim aus dem Internat geholt, der ganz stolz war, mit seiner Lieblingsmutti allein zu sein zu dürfen. Sein großer Bruder Ahmed war mit einem Freund und dessen Familie unterwegs. Bob brachte Lena nach dem Frühstück zu einem Fußballspiel und zum späten Mittagessen waren alle außer Ahmed versammelt.

Selbst Lises neue Partnerin, die bald zwanzigjährige Irina, und Shida, ihre Haushälterin aus Marokko, nahmen am Essen teil. Schließlich hatte Shida mit Lise auch die ganze Vorbereitung gemacht. Nach dem Essen am Wochenende war bei Horners eigentlich eine Ruhephase vorgesehen, bei der die Erwachsenen ihre Siesta machten. Das Wetter war aber so schön, dass es Bob gelang, seine Frau Jela zu überzeugen, sich mit den anderen Frauen zum Sonnenbaden auf die Terrasse zu legen. Er war glücklich, seine riesige Familie um sich zu haben und knuddelte jeden, der ihm in den Weg kam.

So lag er halb eingeschlafen als einziger im Schatten und schielte nur ab und zu auf die Brüste der Frauen seines Klans: Neben ihm lag seine Frau Jela, mit der ihn so viele grundlegenden Ereignisse und zwei Kinder verbanden, dass es ihm ganz anders ums Herz herum wurde, wenn er nur daran dachte. Vor den Schwangerschaften waren Jelas Brüste winzig gewesen, aber jetzt waren sie ‚ganz ordentlich' wie ihm sein Kennerverstand es signalisierte.

Auf der anderen Seite von Jela lag Sandrine, deren spitzen Brüstchen mit den abgesetzten Spitzen immer noch aufreizend auf ihn wirkten. Im Halbschatten lag Lise, die Kinderärztin, die selbst keine Kinder hatte und trotzdem die größten Brüste hatte, die Bob gern massierte.

Schmunzelnd stellte Bob fest, dass ihre lettische Hilfe, Irina aus Riga, keine Brüste zu haben schien, da sie auf dem Rücken lag. Ihre Haut war von einem unwirklichen weiß; nur der Hals und die Unterarme waren leicht gebräunt. Sie war von mehreren Schichten Sonnencreme geschützt, die ihr Jela aufgetragen hatte.

Plötzlich kam Lena angerannt. Wie immer ganz aufgeregt, zupfte sie an seinem Hemdsärmel: „Daddy-Chéri, wie ist es, wenn man tot ist?“ Nach dieser Frage beschloss Bob, sich lieber schlafend zu stellen, so dass sein kleiner Liebling seine Mutter ansprach.

Die arme Jela war ganz verdutzt: Im Kopf war sie gerade dabei, ein mathematisches Problem zu lösen, und nun dieses! Nach einer Weile kam ihre Reaktion: „Wer hat dich denn auf dieses Thema gebracht?“

Lena kannte sich mit Ablenkungsmanövern schon ganz gut aus und wiederholte ihre Frage, so dass ihre Mutter sich aufsetzte und zu erzählen begann, wie sie ihre Mutter verloren hatte. Als sie erwähnte, dass Lena als Baby bei dem Besuch im Krankenhaus dabei gewesen war, war die Kleine ganz aufgeregt und vergaß fast ganz die ursprüngliche Frage. Sie wollte wissen, was sie gemacht hatte, aber Jela wollte das Thema abschließen.

Sie erklärte ihrer Tochter, dass sie ihre Mutter sehr vermissen würde und gab ein paar Beispiele, wie schön es wäre, wenn ihre Mutter bei ihnen wäre. Schließlich weinten beide und Lena schlang ihre Arme um ihre Mutter.

Dann kam Jaim und kletterte auch auf Jelas Liegestuhl und umklammerte sie, ebenfalls weinend. Er hatte wohl gelauscht und war möglicherweise auch der Ursprung der Frage.

Um Jela vor der Erstickung zu bewahren, schnappte sich Sandrine den Jungen und versprach ihm und Lena, mit ihnen im Baumhaus ‚Pirat' spielen zu wollen. Das hatte Erfolg und sie zog mit den beiden los mit den drei Kleinen im Schlepptau. Bob half den Kindern hoch.

Als er zurück auf die Terrasse kam, war diese leer bis auf Irina, die ihm sagte, dass Lise Jela in ihr Zimmer bringen würde. Alarmiert rannte Bob hoch; war es möglich, dass seine Frau einen Rückfall in Depressionen hatte wie vor ihrem ‚Unfall'? Er fand Lise, wie sie Jela im Bett verstaute und froh war, dass er kam:

„Ich hole ein Medikament; lass sie nicht aus den Augen!"

Bob hatte schon etwas Übung mit solchen Situationen: Er wickelte Jela in ihren Bettüberwurf und nahm das Paket in die Arme. Sie schluchzte ab und zu, wurde aber langsam ruhiger. Als Lise mit ihrem Medikament kam, trank sie es ohne Widerspruch, schaute ihren Mann an und sagte, als ob sie Abschied nehmen würde: „Küss mich noch einmal, Bobby!" Sie schaffte ein Lächeln und schlief ein.

So ließen sie Jela unter der Aufsicht von Irina zurück, die sich angezogen hatte, und beratschlagten, was das Ganze zu bedeuten hatte und was zu machen war. Lise war extrem besorgt:

„Nach ihrem Koma hatte sich Jela hervorragend erholt, aber die verfluchte Doktorarbeit, aber noch mehr der permanente Druck mit der Veröffentlichung ihrer weiterführenden Modellierungen fressen die Energie aus ihr heraus. Im Moment brennt sie ihre Lebenskerze an beiden Enden. Ich hätte es Rana und Dir verbieten sollen, sie in dieses Spiel hineinzustoßen!"

Bob war verzweifelt: „Sie hängt so sehr an ihrer Arbeit, dass wir uns nicht trauen, sie davon zu entfernen. Jetzt sind wir mitten in einer Lawine und können sie nicht herausziehen."

„Müsst Ihr wohl, wenn du nicht mit vierzig Jahren Witwer werden willst. Auf jeden Fall lege ich Jela jetzt für einen Monat still, das kannst du Rana sagen. Erinnerst du dich noch an Deinen Freund Fritz, dessen Fall mit unterschiedlichen Motiven nicht so unähnlich ist im Vergleich zu Jela." Jetzt war Bob schockiert:

„Mit Fritz war das doch ganz anders; er fühlte sich doch schuldig wegen des riesigen Vermögens, um das er sich nicht kümmerte."

„Jela fühlt sich auch schlecht, wenn sie die von ihr erweckten Erwartungen der wissenschaftlichen Welt nicht erfüllen kann. Das zwingst sie immer auf's Neue, weiter zu machen!"

„Und obendrein sollte Jela auch versuchen, an den Abschlussprüfungen zum Master teilzunehmen", fügte Bob hinzu, „Ich werde mit Jelas Freundin im Vorbereitungskurs reden."

Das Abendessen war einfach. Vor allem Irina hatte die Arbeit auf sich genommen, da Lise noch längere Zeit bei Jela war. Die Kinder hatten nicht viel mitbekommen von der Katastrophe und ließen sich mit dem Hinweis, dass ihre Mutter schlief, leicht beruhigen. Als sie dann im Bett waren, saßen die Erwachsenen wie begossene Pudel im Wohnzimmer. Ab und zu schaute einer von ihnen nach Jela. Bob sah es Irina an: Sie sah sich als schuldig an, da sie glaubte, dass alle sahen, wie gern sie die Rolle von Bobs Frau übernommen hätte. Während der Weihnachtsturbulenzen hatte sie es ihm gestanden.

In ihrer neuen Rolle als Chefin des Clans machte Lise dann genau das Richtige:

„Bevor wir zu Spekulieren anfangen, lasst uns sehen, wie es ihr morgen geht. Wir alle gehen unseren üblichen Beschäftigungen nach. Bob, Du nimmst Jaim mit zum Fußballspiel von Lena am Morgen, und wir Frauen bereiten das Mittagessen vor. Ich werde etwas zum Abendessen bestellen. Bob, Du weist Ahmed ein, wenn Du Jaim zurück ins Internat bringst. Sag ihm ruhig die Wahrheit. Ich vermute, dass Jela im Bett bleiben wird, aber bei ihr weiß man das nicht so recht.“

Bob bestellte etwas Wein bei der Stewardess und versuchte, diese Erinnerung einzuordnen. Interessanterweise war er mehr von der Angelegenheit getroffen, als die Frauen des Klans. Er hatte die tiefen Depressionsphasen von Jela in den USA erlebt, und wollte das nicht noch einmal durchmachen.

Folglich traf er sich gleich am Montag nach der Katastrophe mit Rana und legte gleich mit seiner Erzählung los.

Damit die dunkle Schönheit gar nicht erst in die falsche Richtung denken konnte, schob er diese Bemerkung nach. Dass Jela für einen Monat krankgeschrieben war, machte sie besorgt, aber da sie wusste, wie cool Wissenschaftler sind und weil die Sommerferien bevorstanden, sah sie für die Vorlesungsserie von Jela kein schwerwiegendes Problem: „Dann müssen sie halt bis September warten!“ Beide besprachen den Text der Bekanntgabe der Unterbrechung der Live-Übertragungen. Bob war die Sorge ins Gesicht geschrieben, so dass Rana keine Chance für eine Wiederaufnahme ihrer Beziehung sah.

Szene 4: Urlaub im Royal Savoy Madeira

Als Bob dann im Rahmen seiner Bilanz beim Durchgehen seines Klans auf Lise stieß, war er sehr dankbar. Scheinbar unermüdlich kämpfte diese Frau neben ihrer Arbeit für das Wohl aller im Klan. Außer den Zwillingen hatte sie aber dadurch keine besonderen Anhänger, denn manchmal griff sie auch streng durch. Das war dann auch immer dringend nötig und wurde von allen als Gesetz aufgefasst.

Nach dem Zusammenbruch von Lela hatte Lise die Initiative übernommen und einen Angriff auf das Ehepaar Horner vorbereitet. Die beiden anderen Frauen waren eingeweiht und stimmten ihrem Vorschlag im Familienrat auch zu. Mit der Begründung, dass Jela sich einen kurzen Urlaub verdient hätte nach Ablauf der Internet-Serie und Kräfte sammeln sollte für ihre Masters Prüfung, lagen die Buchungen schon auf dem Tisch für Mr. Robert Horner und Frau Daniela: Zehn Tage Urlaub auf Madeira im Fünf-Sterne Hotel Royal Savoy mit einem Direktflug von Lyon aus. Bob gönnte sich einen ausführlichen Rückblick:

Am Morgen nach der Ankunft und einem ausgiebigen Frühstück mit Blick auf die Palmen und den Atlantik ging das Ehepaar dann zum Schwimmen im geheizten Indoor Pool, wie sie es von zu Hause gewöhnt waren. Während Bob noch weitere Dutzende von Runden schwamm, machte es sich Jela in einem der Liegestühle bequem und fiel auch schnell in einen Halbschlaf. Der relativ lange Flug war sehr anstrengend für sie gewesen.

Als Bob dann endlich erschöpft aufhörte und aus der Dusche kam, sah er Jela zu seiner Überraschung im Gespräch mit einer Frau, die etwas älter als sie zu sein schien. Die beiden schienen sich gut zu verstehen, wie er an den intensiven Gesten sehen konnte. Oft waren ihre Gesichter nahe beieinander und sie lachten viel.

Neben den beiden lag ein junges Mädchen mit attraktiven, langen Beinen, das möglicherweise die Tochter der Gesprächspartnerin war. Wohl wissend um Jelas extreme Vorsicht mit Fremden ging Bob nicht zu den Frauen, sondern nahm die Treppe zum Spa, der eine Etage höher lag und einen Blick auf das Becken zuließ.

Obwohl er mit Irina eine junge Schönheit im Hause hatte, reizte ihn die junge Frau neben Jela ganz ordentlich. Selbst aus der Distanz machte sie einen lebhaften Eindruck, der sich dann noch verstärkte als sie zu viert zum Mittagessen gingen. Da Jela offensichtlich Gefallen gefunden hatte an der Mutter namens Anne, schlug Bob vor, dass er die Tochter zu einer kleinen Sightseeing Tour einladen würde, was alle Frauen begeistert begrüßten.

So fand sich Bob am frühen Nachmittag in einem Mietwagen am Flughafen vorbei zur Ostspitze der Insel fahren. Seine Traumfrau erschien in Jeans und Pullover, ihr sehr langes, dunkelblondes Haar im Pferdeschwanz, was sie sehr jung aussehen ließ. Sehr direkt fragte Bob, ob er sie denn anfassen dürfe. Sie lachte nur: „Ich werde demnächst dreiundzwanzig“, und plauderte von ihrem Studentenleben an der Sorbonne. Sie unterhielt ihn mit sehr lustigen Beobachtungen über die neue Generation und ihre mobilen Technologien.

Draußen auf der Halbinsel änderten sich das Wetter und die Landschaft: Ohne große Übergänge ging es von den Halb-Tropen in Funchal in Regionen wie in Schottland. Ein starker Wind machte es sogar schwer, auf den Aussichtspunkten die herrlich wilde Landschaft über dem Meer zu genießen. Als es dann sogar ein paar Tropfen regnete, rieb Bob die junge Frau mit seiner Strickjacke im Auto trocken, was diese veranlasste, ihm ein Geheimnis zu verraten. Mit spitzem Mund und erhobenem Finger meinte sie:

„Ich muss Sie auf eine erste Eigenheit meinerseits hinweisen, Mister! Meine Brüste sind äußerst sensibel. Deshalb trage ich meist auch keinen BH. Also, noch eine solche Abreibung und ich schreie vor …“

„Vor Lust“, half Bob ihr aus. War das eine Öffnung zu mehr?

Das Mädchen, das sich als Michaele, genannt Mickey, vorgestellt hatte, sah ihn lange an. Als Kenner wusste er, dass er gewonnen hatte und begann ihre Bluse aufzuknöpfen. Als visueller Typ war er noch ganz im Banne des außerordentlichen Blicks auf das tosende Meer, so dass es ihm erschien, als ob sich ihm im Kontrast ganz langsam die Blüte einer bewundernswerten Orchidee öffnete.

Da sie ganz allein waren auf dem einfachen Parkplatz oben auf den Klippen, ließ er sich Zeit und war auch sehr vorsichtig mit den Brüsten von Mickey. Als sein Mund weiter nach unten wanderte, machte sie wieder die Geste mit dem erhobenen Finger:

„Nachdem Sie die erste Prüfung bestanden haben, Mister, will ich ihnen auch eine zweite Eigenheit vorstellen. Ich bin stolze Besitzerin eines nicht versiegenden Töpfchens von Honig, der allerdings nicht jedem schmeckt."

Während Bob noch über den Sinn dieser Worte grübelte, zog sie ihre Jeans aus. Sie war frisch rasiert und er massierte vorsichtig ihren Venushügel. Dann geriet er mit dem Finger in den Honigtopf und er verstand. So hob er sie einfach hoch und setzte sie auf sein Glied, das keinen Einwand gegen das Gleitmittel fand.

Ein Bus voller Touristen ließ sie dann später aus dem Halbschlaf erwachen. Schmollend fuhren sie durch die nicht enden wollenden Tunnel zurück nach Funchal, wo Bob seine Frau schlafend vorfand. So nahm er leise etwas Kleidung und ging dann zu Mickey, die gerade aus dem Bad kam. Natürlich erlaubte sie es ihm, sich bei ihr zu duschen, und als er zu ihr ins Schlafzimmer kam, sagte sie nur:

„Und jetzt ohne Honig, Honey!"

Die Horners nahmen zusammen mit ihren neuen Freunden das Abendessen im Savoy ein, bei dem Jela das berufliche Leben ihrer neuen Freundin vorstellte. Sie sei im Modegeschäft in Paris, nicht auf dem Niveau der Designer, sondern im ‚Prèt-à-Porter' Sektor. Bob verstand nicht gerade viel und tat, als ob er interessiert lauschte. Seine Gedanken waren bei dem schlanken Mädchen neben ihm, das ihn ganz selbstverständlich seit dem Vormittag um den Finger wickelte.

Da Jela es nicht lange nach dem Abendessen in der Bar aushielt, waren die beiden Horners denn auch bald im Bett. Jela kuschelte sich an ihren Mann:

„Danke, dass Du mir so viel Zeit gelassen hast. Anne ist zwar offensichtlich nur eine ‚Angelernte', gibt sich aber viel Mühe. Manchmal ist sie etwas mechanisch. Aber ich bin auf jeden Fall sehr zufrieden mit meinem Urlaub auf Madera."

Bob freute sich über die wiedergefundene Lebensfreude seiner Frau und schmunzelte über ihre nachfolgende Frage:

„Wann wirst Du Dir eigentlich die raffinierte Kleine schnappen, Du Lustmolch? Sie ist doch sehr appetitlich."

„Och, da muss ich wohl noch den Beweis antreten, dass die paar grauen Haare an den Schläfen nur eingefärbt sind", log er kess und fragte sich, wer eigentlich wen geschnappt hatte.

Die nächsten Tage vergingen viel zu schnell, die Liebesspiele aller Vier bereiteten allen viel Freude und Entspannung. Mickey schaffte dabei ein Highlight für Bob, der sich über ihr manchmal kindliches Aussehen lustig gemacht hatte. Eines Tages zeigte sie ihm ihren Pass mit dem Geburtsdatum, das ihm beweisen sollte, dass sie schon zweiundzwanzig war. Er allerdings sah nur die kyrillische Schrift im Pass. War sie eine Bulgarin oder gar Russin? Dann allerdings musste er über ihren Auftritt lachen; sie hatte eine Art Schulunform an, nur dass der sehr kurze Rock eher aufreizend war als züchtig. So machte er etwas, was man mit jungen Mädchen eigentlich nicht machen sollte.

Ein weiteres Highlight geschah eines Nachmittags, als Mikkeys Radiowecker die Nachrichten mit dem alter Mick Jagger Titel ‚I can't get no satisfaction' vorbereitete. Es war, als ob die junge Frau vom Blitz getroffen war, Ruck-Zuck hatte sie ihr T-Shirt vom Leibe gerissen, das als ‚Nighty' fungierte. Sie küsste ihren Chéri wie wild auf den Mund und dann für zwei Minuten etwas tiefer. Danach begann sie einen Tanz auf Bob, bei dem sie die Arme in alle Himmelsrichtungen herumwarf. Mick war noch nicht fertig, als sie ganz plötzlich innehielt: Zuerst gab es einen kleinen Ruck in ihrem Unterleib und dann fiel sie unkontrolliert vorne über, nicht einmal Rücksicht nehmend auf ihre Brüste.

Bei den abendlichen Berichten der Horners im Bett kamen allerdings langsam, aber sicher einige Dissonanzen zum Vorschein, die ihm zunächst aber nicht wichtig zu sein schienen. Zufrieden mit der deutlichen Verbesserung der Gesundheit seiner Frau, liebte er sie um so zärtlicher.

Jela, zum Beispiel, bemängelte in ihren Erzählungen, dass Anne nur über Business-Themen reden könne und fürchterlich viele Fragen zu ihrem Privatleben habe. Bob meinte nur mehrfach, dass es ihn wundere, wie wenig Mickey von ihrem Studium zu berichten wusste und eher über ihre Balletterfahrungen redete. Sie vergaßen dies allerdings schnell am nachfolgenden Tag, den sie mit ein wenig Schwimmen, Spazierfahrten und langen Entspannungs-Sessions verbrachten. Ab und zu ließen sich die drei Älteren auch bei einer Massage im Spa verwöhnen.

Zwei Tage vor dem Abflug der Horners geschah dann etwas, was die Lage schlagartig veränderte.

Als sich Mickey in der Dusche befand, nahm Bob ein merkwürdiges schwarzes Ding auf dem hübschen Schrank vor dem Bett war. Er nahm es herunter und musste feststellen, dass es sich um eine winzige Kamera handelte. Es gab keinen Zweifel: Mickey nahm ihre Bettaktivitäten auf! Wie vor den Kopf geschlagen, fiel er auf das Bett zurück und wollte dann zu Mickey laufen, um sie zu stellen. Dann aber siegte die anerzogene Klugheit und er legte die Kamera zurück auf den Schrank, nachdem er sie sich genauer angesehen hatte. Sie funktionierte mit Speicherchips.

Ein Unwohlsein vortäuschend, entschuldigte er sich und voller Gedanken ging er zu seinem Apartment zurück. Er begann, seine Handlungsalternativen zu durchdenken. Jela war erwartungs-gemäß nicht anwesend, so dass er Zeit hatte, seine Optionen aufzulisten und zu priorisieren.

Als erstes musste Bob wohl annehmen, dass Anne das gleiche böse Spiel mit Jela betrieb wie Mickey mit ihm. Sie brauchten folglich eine Abstimmung für den letzten Tag, der ihnen noch blieb. Die Schwachstelle ihrer Gegner war sicherlich Mickey, die in ihrem Alter noch nicht sehr abgebrüht sein konnte. Obendrein schien sie wirklich etwas für Bob zu empfinden. Oder täuschte er sich?

Das eigentliche Ziel konnte eigentlich nur eine Erpressung sein, die bei den als Milliardäre bekannten Horners schon mehrfach versucht worden war. Was würde geschehen, wenn es ihm gelänge, die Speicherchips aus den Kameras herauszunehmen, und was, wenn er eventuelle weitere nicht alle finden würden?

Eine Stunde vor dem Abendessen erschien Jela mit leuchtenden Augen und roten Wangen. Es tat Bob leid, sie von ihrem Höhenflug herab zu holen auf die Ebene der brutalen Tatsachen:

„Darling, I got bad news for you (Liebling, ich habe schlechte Nachrichten für Dich)", und bevor sie sich falsche Befürchtungen aufbauen konnte, fügte er hinzu, „Es hat mit Anne und Mickey zu tun. Sie filmen unsere Bettszenen, und wir haben uns nicht einmal dafür geschminkt."

Jela wurde bleich und musste sich setzen. Es dauerte lange, bevor Bob sie soweit hatte, dass sie auf seinen Plan einging, zunächst nichts zu erkennen zu geben und am folgenden Tag die Chips aus der Kamera von Anne zu entfernen.

„Ich werde aber nicht die Kraft haben, ihr Zimmer zu durchsuchen", flüsterte sie ganz verzweifelt. Bob war wütend. Ihre ganze körperliche und geistige Erholung war gefährdet.

Mit den jetzt klarer werdenden Zusammenhängen sah Jela jetzt auch, warum Anne häufiger davon gesprochen hatte, dass drei Millionen ihr Unternehmen retten würden. Auch Bob erkannte sofort, dass hier eine Hausnummer genannt worden war.

Natürlich kamen sie zu spät zum Essen im großen Saal mit dem Blick auf das Meer, wo die untergehende Sonne herrliche Lichtspiele veranstaltete. Bob war gezwungen, ihre Verspätung zu erklären und nutzte das auch gleich für den folgenden Tag:

„Jela hatte eine kleine Krise, aber jetzt geht es schon viel besser. Macht euch keine Sorgen. Unkraut vergeht nicht. Wir sollten sie deshalb bald entschuldigen und auch morgen ganz behutsam mit ihr umgehen. Könnt ihr mir das versprechen?“

Jela sah ihren Manipulator-Mann bewundern an. Sie nahm sich vor, am folgenden Morgen stark zu sein, um seine Anweisungen auszuführen.

Dagegen hatte Bob eine fürchterliche Nacht voller Alpträume, in denen einige Frauen versuchten, seine Frau umzubringen. Er stand mehrfach auf, fand aber kaum Ruhe.

Am folgenden Morgen amüsierte Jela sich köstlich, wie Bob den beiden Französinnen den verliebten Jüngling vorgespielte, um jede Form von Misstrauen zu verhindern. Beim gemeinsamen Frühstück machte er dann sogar solche anzüglichen Bemerkungen, dass Mickey rot anlief. Kaum in ihrem Zimmer, änderte er dann sein Verhalten schlagartig. Er riss sie an ihren Haaren mit dem Gesicht auf das Bett herab und schrie sie an:

„Pass sehr genau auf, du kleine Hure! Ich habe so gute Anwälte, dass ich nur eine Bewährungsstrafe bekommen werde, wenn ich dich jetzt zu Tode foltere.“

Wieder zog er an den Haaren und sie schrie. „Wo hast du die Speicherkarten versteckt? Für jede Lüge werde ich dir die Brüste quetschen, und dann sind deine hübschen langen Ballettbeine dran.“ Er musste fast lachen, so grotesk kam ihm die Situation vor. Mickey begann zu weinen und schluchzte:

„Tu mir bitte nichts. Ich liebe dich doch! Ich bin gezwungen worden, diese Sauerei zu machen. Ich gebe dir die Kamera, aber lass meine Beine in Ruhe!“ sie wusste genau, wo ihr Kapital war.

Somit hatte Bob einen Druckpunkt, ihre Beine. Er fesselte sie roh an Händen und Beinen, und dabei kam seine Wut wegen Jela zurück. Am Vorabend hatte er noch schnell ein paar Klebestreifen gekauft, die er jetzt zum Fesseln der Hände nutzte. Sehr kräftig schlug er ihr auf's Hinterteil und sie jaulte auf. Er nahm die Kamera. Es war ein Chip drin. „Wo sind die anderen?“ Mickey versuchte es mit einer Lüge: „Ich habe nur die eine Chipkarte.“ Bob schlug noch mehrmals zu und das auch auf die Oberschenkel, was sicherlich sehr wehtat.

Sie wälzte sich voller Schmerzen und Bob bemerkte zu seinem Entsetzen, wie ihn das erfreute. Als er wieder die Hand hob, zwang er sich, anzuhalten. „Ich habe noch zwei in meiner Handtasche“, wimmerte das Mädchen, „aber ich liebe dich doch. Tu mir nicht weh, bitte.“

Nachdem er die beiden Chips genommen hatte, durchsuchte er noch oberflächlich die Schränke, fand aber nichts. Mickey an das Bett gefesselt zurücklassend, eilte er zu Annes Zimmer. Nach einer Weile öffnete ihm Jela:

„Anne heult nur noch, seitdem ich die Kamera gefunden habe. Sie hat mir aber nicht gesagt, wo sie noch weitere Chips versteckt.“

Und dann hatte Jela ein schreckliches Erlebnis; ihr sanfter, behutsamer Ehemann schrie die andere Frau mit solcher Wucht an, dass sie glaubte, er würde sie umbringen.

Bob schüttelte Anne und drohte, sie aus dem Fenster zu werfen. Er umwickelte ihre Hände mit den Klebestreifen und stellte sie vor das Fenster, dass er dann öffnete. Jela stürzte herbei, um Anne zu retten. Bob hielt sie zurück und sagte, sie solle einen Stuhl holen, auf den er dann Anne stellte: „Ich höre!"

Die gute Frau hatte ihren ganzen Pariser Schick verloren, die Augenschminke lief ihr Gesicht herunter, und sie erzählte genau die gleiche Story wie Mickey. Mit dem Seewind in den Haaren, brach dann alles aus ihr heraus. Sie hatte eine Vorabzahlung von zehntausend Euros erhalten und die Reisekosten wurden auch bezahlt. Zehn Prozent von Netto-Gewinn waren für sie. Mickey war gar nicht ihre Tochter und war ihr als Typ empfohlen worden, ‚auf den der Milliardär fliegen würde'. Nach einer Anzahlung hatte sich die junge Frau dann breitschlagen lassen.

„Wo sind die anderen Chips?" beharrte Bob und nahm ihr die Klebestreifen ab. „Das sieht dann mehr nach Selbstmord aus. Wir schreiben einen Abschiedsbrief mit Bezug auf deine Schulden."

Als Anne aber tat, als ob es die Chips nicht geben würde, riss Bob sie vom Stuhl, so dass sie auf den Boden knallte. Er kniete auf ihr und zog ihr die Klebestreifen ab. Anne jaulte wie ein junger Hund. Mit Jela an ihm hängend, würgte Bob sie, bis sie nachgab und er fand zwei Chips in ihrem Koffer.

Immer noch in Rage, durchwühlte er erfolglos alle Sachen, die er im Zimmer fand. Es musste wohl alles sein.

„Wenn du mich belogen hast, schicke ich dir meine Spezialisten, die sich ein Vergnügen mit lesbischen Pariser Snob-Frauen machen. Die wissen, wie lange es dauert, bis jemand stirbt.“

Bezüglich der Auftraggeber hatte er allerdings keinen Erfolg. Obwohl er Anne noch einmal vor das offene Fenster stellte, bekam er nichts Brauchbares von ihr zu hören.

Den noch verbleibenden halben Tag hatte er beide Verräter-Frauen mit verklebten Händen in ihren Badezimmern eingeschlossen. Sie würden dann am folgenden Morgen gefunden werden und, da war er sich sicher, mit ziemlicher Sicherheit würden sie nicht die Polizei rufen lassen. Seine Frau und er waren zu dem Zeitpunkt schon über dem Atlantik und er hatte sich nur noch um das Häufchen Elend an seiner Seite zu kümmern.

Jela konnte nicht verstehen, wie man sich so erniedrigen konnte, jemandem Gefühle vorspielen zu lassen, nur um an sein Geld heran zu kommen. Auf jeden Fall aber war jetzt Schluss mit der Geschichte, und zu Hause erzählte Bob den anderen Frauen von dem Vorfall, als Jela schon längst wieder in ihrem Bett schlief. Er war so verärgert, dass er sich kaum um seine Kinder kümmerte. Ohne Rücksicht auf Verluste machte ihn Tochter Lena darauf aufmerksam. Schuldig knuddelte er sie und die anderen dann vor dem Schlafengehen.

Szene 5: Patentrechtliches im Berliner Ritz Carlton

Der Rückblick auf die Madeira Katastrophe belastete Bob noch immer. Körperlich hatte Jela der Urlaub eigentlich ganz gut getan; die Enttäuschung mit Anne hatte ihren depressiven Abschwung aber nur verstärkt. Sie fand kaum in die Abschlussarbeiten ihres Studiums zurück. Nach etwas Schäkern mit der Stewardess versuchte Bob sich mit einem Film abzulenken und setzte dann seine Bilanzaufstellung bis zur Ankunft in Singapur fort. Der nächste Punkt war die Fortführung des Narud-Projektes in Berlin.

Früher war Bob meist im Marriott am Potsdamer Platz abgestiegen, wollte das aber wegen der gemischten Erinnerungen aber nicht mehr. Deshalb hatte er nach dem Ritz Carlton gesucht, das er früher als eine umgebaute Villa im schönen Grunewald erlebt hatte. Dort war er für die ersten Nächte in Berlin untergekommen und hatte sich vor allem am enormen Indoor Pool erfreut. Bei den letzten Besuchen in Berlin hatte er dann gesehen, dass es jetzt nur um die Ecke von ‚seinem' Marriott im Zentrum ein modernes Hochhaus mit dem gleichen Namen gab. Eine kurze Recherche im Internet ergab, dass ‚aufgrund der großen Nachfrage' ein Umzug stattgefunden hatte. Neugierig reservierte er dort für seine Gespräche in Sachen ‚Narud'.

Er freute sich, den Chef der Satelliten-Firma wiederzusehen, dessen sympathische, offene Art sich wohltuend vom Stil vieler CEOs unterschied. Dieser erschien mit seiner Nummer Zwei und seinem Sohn, einem Ingenieur in den dreißiger Jahren, der das Unternehmen übernehmen sollte.

Bob stellte sein Anliegen ohne Winkelzüge vor, was einiges an Fragen und Überlegungen hervorrief. Dann gingen sie zu Tonis Roma Restaurant hinüber am Marlene Dietrich Platz und diskutierten Naruds Verschlag. Während die Nummer Zwei skeptisch zu sein schien, war Mischa, der Noch-Chef offen, hatte aber die Kernfrage im Kopf:

„Wer wird denn schon eine solche Summe in ein derartiges Risiko stecken, insbesondere, weil die USA sicherlich ihre Militärfirma verteidigen werden?"

„Da die Erstanmeldung in Deutschland erfolgte, wird im Streitfall allerdings ein deutsches Patentgericht zu entscheiden haben", sagte Bob, der sich vorbereitet hatte.

„Obendrein denke ich daran, private Mittel in dieses Thema zu stecken. Sie müssen mir allerdings genau erklären, wie der Stand der Patentanmeldung beziehungsweise -erteilung ist."

Die Nummer Zwei wollte ihre Kompetenz beweisen und legte los:

„Eigentlich wurde das ganze System, vor allem der mathematische Teil bereits zu Zeiten der Akademie der Wissenschaften der DDR erfunden, aber natürlich nicht bei kapitalistischen Behörden im Westen angemeldet. Der Erfinder arbeitete nach der Wende bei uns und hat auch die Anmeldung im wiedervereinten Deutschland für uns vorgenommen. Vermutlich wegen des hohen Anteils an Mathematik, der sich in der Steuerungs-Software niederschlug, wurde es aber abgelehnt".

„Das hat Mischa so geärgert, dass wir Einspruch erhoben haben. Zur Jahrtausendwende erhielten wir dann die Nachricht, dass das Patent akzeptiert sei und veröffentlicht werden würde.“ Stolz fuhr er fort: „Etwas später fand der Erfinder eine ähnliche Veröffentlichung der US Firma, die sage-und–schreibe einen Tag nach der unseren erfolgt war. Wir hatten im Lotto gewonnen! Er setzte sich mit ihnen in Verbindung, wurde aber ausgelacht. Verbittert starb er etwas später.“

Mischa ergänzte: „Als wir in einem Jahr gut verdient hatten, haben wir dann auch eine Anmeldung beim Europäischen Patentamt vorgenommen.“

Er schmunzelte: „Das Patent wurde dann auch nach fünf Jahren vor kurzem erteilt. Um es in allen Mitgliedsländern wirksam zu machen, müssten jetzt Übersetzungen vorgenommen werden, um die jeweiligen Anrechte wirksam zu machen. Dazu haben wir aber jetzt kein Geld.“

Mit einem Blick auf seine Kollegen und nach dem obligatorischen Schnaps meinte er abschließend, dass er sich gut vorstellen könne, das Patent zu verkaufen, solange sie selber eine kostenlose Nutzung erhalten würden. Bob machte seine Position klar; falls er alles finanzieren würde, sähe er als Kaufpreis fünf Millionen zahlbar bei Abschluss an. Er würde den Satelliten Leuten zwölf Jahre kostenfreie Nutzung gewähren, danach bekämen sie die Technologie zu fünfzig Prozent des Marktwertes.

Wieder einmal machte Bob eine Bilanz und erschrak: Erstmalig in seinem Leben hatte er einen Knäuel geschäftlicher, privater und juristischer Themen gleichzeitig zu bearbeiten.

Jelas Situation war aber am Belastenden. Er sollte gemäß Lises Anweisung aber nicht zu stark Jela gegenüber darauf eingehen. Sie selbst suchte nach einem Spezialisten für Jelas Problematik.

In Australien war seine Aufsicht bei der Geldanlage notwendig und die strategische Gesamtsicht durfte nicht verloren gehen. Narud hatte zwar grünes Licht für seinen Vorschlag gegeben, ihn mit 20 Prozent an den Erlösen der Patenteinnahmen zu beteiligen, aber damit waren jetzt nur eine Menge Verträge in verschiedenen Ländern mit verschiedenen Partnern nötig. In einem Telephonat mit Jerrys Frau, einer holländischen Patentanwältin, die für eine Sozietät in Frankfurt arbeitete, bat er sie zu prüfen, ob sie die schwierige Vertretung des Falls vor den Gerichten übernehmen würden. Gott-sei-Dank hielt Lise die Heimatfront stabil, wobei Jela wirklich keine Hilfe mehr war.

Im Hintergrund schwelte immer noch die Erpressungsproblematik herum. Bob würde sich nur sicher fühlen, dass nichts mehr nachkommen würde, wenn er bis Ende April nichts gehört hätte. Ohne dass Jela es wusste, hatte Bob die Chips nach der Rückkehr von Madeira im Schnell-Lauf auf seiner Kamera durchgesehen. Er fand die Szenen mit Mickey so erregend, dass er danach Lise besuchen musste, die ähnlichen Techniken gegenüber nicht abgeneigt gegenüberstand. Auch einige Sequenzen mit Jela und Anne hätten aus seiner Sicht gut in manchen Porno-Film passen können. Danach zerstörte er alle Chips bis auf den speziellen mit Mickey. Auf seiner Kamera fand er auch ein Photo von den drei Frauen, das er vergrößern ließ unten in der Stadt mit Portrait-Ausschnitten von alle Dreien.

Als er sie dann hatte, versteckte er sie aber in seinem Schreibtisch, da nicht wusste, was er mit ihnen machen sollte. Manchmal schielte er zwischendurch auf Mickeys fröhliches Gesicht.

2. Akt: Kampf bis auf's Messer

Szene 1: Pariser Hauptquartier: Hotel Meurice

Szene 2: Auf der Suche

Szene 3: Erholung im Hotel-Dieu

Szene 4: Angriffsvorbereitung

Szene 1: Pariser Hauptquartier: Hotel Meurice

Ungefähr drei Wochen später erhielt er einen Anruf von Jela im Büro in Genf; er solle unbedingt sofort nach Hause kommen, wo er sie in ihrem Zimmer fand. Wortlos setzte sie ihn vor ihren PC und zeigte ihm einen Film, dessen Inhalt er schon kannte: Anne und sie im Bett. Die Gefahr war nicht vorbei. Ganz im Gegenteil! Der Absender war als unbekannt angegeben und das E-Mail enthielt keinen Text. Jela war völlig aufgelöst, so dass Lise ihr eine Beruhigungstablette geben musste.

Bob telephonierte seine Freunde bei den Geheimdiensten ab und sandte ihnen die Photos beider Frauen zu. Alle beide versprachen Hilfe, und der ‚General‘ in der US Botschaft in Genf gab ihm auch einen Kontakt in Paris. Bei einer Besprechung mit ihm in Bobs Büro konnte der CIA-Mann aber sonst nicht viel für ihn tun. Außer ein paar guten Ratschlägen bezüglich der Sicherheit seines Klans kam mangels Daten nichts heraus.

Die nächste E-Mail enthielt nur eine Zahl (fünf Millionen) und eine Kontonummer in Georgien. Der General konnte ihm zwei Tage später mitteilen, dass es sich beim Eigentümer um einen Unternehmer handelte, der als Abgeordneter im Parlament vertreten war und bisher als absolut ‚sauber‘ galt. Er erklärte dem erstaunten Bob, dass der gute Mann wahrscheinlich mit Erpressung in die Geldwäsche hineingezwungen war. Dieser Mann musste den geforderten Betrag minus einer kleinen Kommission aus seinem Vermögen überweisen, und wenn er Glück hatte, würde der Erpresste ihn dann mit dem vollen Betrag entschädigen.

„Das ist mittlerweile der übliche Weg“, meinte resignierend der General. „In solchen Ländern können wir da wenig unternehmen.“

Auch die Franzosen lieferten ihm nicht sehr viel. Immerhin konnten sie aufgrund des Photos eine Identifizierung vornehmen: Michaela, genannt Mickey, hatte eine doppelte Staatsangehörigkeit; neben der französischen hatte sie auch die bulgarische. Sie lebte seit zwölf Jahren in Paris und arbeitete zeitweise bei einer etwas zwielichtigen Agentur für Mannequins. Keine kriminelle Vergangenheit. Anschrift: unbekannt.

Sein Freund Fred in Berlin hatte einiges über ihren Vater gefunden, der vor über zwanzig Jahren nach Paris gegangen war und sich mit einer Französin verheiratet hatte, offensichtlich um die Staatsangehörigkeit zu erhalten, denn er reichte die Scheidung ein, als die Tochter geboren wurde. Er verstarb, als seine Tochter sechs war. Von der hatten sie nur zahlreiche Flüge nach Nordafrika in den Unterlagen. Auf Rückfragen von Bob konnte Fred den Namen der Reiseagentur herausfinden, die die Reisen gebucht hatte.

Fred hatte aber gute deutsche Statistiken, die Bob allerdings nicht beruhigten; in der BRD hatte es nach Schätzungen des BND (Bundesnachrichtendienstes) über achtzig Erpressungsfälle von ultra-reichen Leuten gegeben, in der Schweiz über sechzig.

„Das ist mittlerweile eine richtige Industrie geworden, deren Köpfe fast immer in osteuropäischen Ländern sitzen.

Die Polizei wird selten einbezogen und wir wissen nur davon, weil ab und zu etwas schief geht. Es ist nicht mehr lustig, so richtig reich zu sein!“

Um seine aufgestaute Aggressivität abzubauen, beschloss Bob, nach Paris zu reisen, um die beiden Erpresserinnen zu finden. Er konnte nicht akzeptieren, dass man seine hilflose Frau in die Depression trieb.

Der Familienrat zwang ihn dann mit dem vorgeschobenen Argument, dass Irina russisch sprach, ein Familienmitglied auf seine gefährliche Mission mit zu nehmen. Bob verstand, dass Lise allen seinen Frauen die Gelegenheit geben wollte, mit ihm einige Wochen allein zu verbringen. Nur an sich selber hatte sie noch nicht gedacht. Da eine Flugreise das Risiko einer Meldung an die Erpresser bedeutete, hatte Lise im TGV gebucht.

Vielleicht hatte Lises Vorsicht Bob angesteckt; er bat Shida, ihm einige Tausend Euros in großen Scheinen in die Weste einzunähen. Selbst das Hotel wollte er in bar bezahlen. Auch nahm er seine Pistole mit, mit der er wöchentliche Übungen in der Schweiz machte.

Auf der Fahrt beschäftigte sich Irina mit irgendwelchen Papieren und schrieb eifrig Bemerkungen. Als sie fertig war, fragte Bob, ob er denn wissen dürfe, woran sie arbeitete. Leicht errötend, erklärte sie, dass sie schriftliches Französisch übte, das sie vielleicht zum Studienabschluss brauchen würde. Dann aber wurde sie präzisier:

„Ich habe als Übung eine Liste gemacht, wie ich dich heute Nacht verwöhnen werde.“ Das bestätigte Bobs Beobachtung, dass seine Frauen sich anders verhielten, wenn sie mit ihm allein waren. So ließ er es mit der Frage bewenden, wieso er diese Geschenke denn verdient habe. So erfuhr er, dass er ein toller Mann und Vater sei, und dass sie viel von ihm und Lise gelernt hätte.

Ohne den fast üblichen Zeitdruck genoss er dann eine Weile, der Gegenstand der Bewunderung von Irina zu sein. Schließlich fasste er zusammen:

„Wenn ich dich richtig verstehe, siehst du in mir den Liebhaber, den Bruder oder Kumpel und ein wenig den Vater.“ Nach kurzem Zögern korrigierte sie ihn ein wenig: „Um ehrlich zu sein, fehlt mir in deiner Aufzählung der Klan, wo jeder für mich eine gewichtige Rolle spielt, auch wenn diese nach den Personen natürlich sehr unterschiedlich ist. So verehre ich deine Frau genauso wie ich Lise schätze. Für viele der Kinder würde ich mich opfern. Das schwierigste Verhältnis habe ich aber mit dir.“ Bob sah sie erstaunt an.

„Mit dem riesigen Altersunterschied, du bist ja fast doppelt so alt wie ich, bist du selbstverständlich der Vaterersatz, den brauche, aber die körperliche Anziehung macht mich überhaupt nicht schuldig. Was wir machen, ist nicht Inzest im übertragenen Sinne, sondern etwas ganz anderes …“, sie sah ihn an und küsste ihn als ob es das letzte Mal sei. Er wagte es nicht, sie wieder nach ihrem zurückgestellten Kinderwunsch zu fragen.

Das Paar war im Hotel Meurice untergebracht, weil es nahe am Place Vendome liegt. Irina ging ihre Liste aus dem Zug akribisch durch, als wenn es sich um ein komplexes Rezept handeln würde, und ihr Liebhaber war morgens ziemlich geschafft.

Bob wäre ein weniger schickes Hotel lieber gewesen, aber Irina genoss den Luxus und schlich auch mehrfach durch die gegenüber liegenden Tuilerie Gärten zum Louvre. Sie war beeindruckt zu hören, dass dieses Hotel im Krieg das Hauptquartier der deutschen Armee in Paris gewesen war. Selbst die Toiletten an den Ess-Sälen waren voller Gold und Spiegeln, wie sie bemerkte.

Die ersten zwei Tage verbrachten Bob und Irina damit, das Reisebüro zu finden, das Mickeys Reisen gebucht hatte. Im Internet gab es den Namen des Ladens nicht und unter der angegebenen Anschrift fanden sie einen Videoshop.

Der Eigentümer hatte keine Ahnung, was mit dem Reisebüro geschehen war, wusste aber, dass die Geschäftsführerin in der Nähe wohnte. Auf Irinas Drängen erklärte er sich bereit, den Namen der Verkäuferin zu finden, wenn sie ihm ein paar CDs abkaufen würden. Bob gab ihm hundert Euro und ließ sich ein paar CDs für die Kinder geben. Irina gab ihre Telephon-Nummer und sie fuhren zum Montmartre, weil Irina noch nie die Sacré Coeur Kirche aus der Nähe gesehen hatte.

Während der Siesta setzte Irina ihr Verwöhn-Bobby-Programm fort, wogegen er keine Einwände hatte, und abends nahmen sie ein schlechtes Essen im Rive Droite Studentenviertel ein.

Vorher hatten sie mit dem Klan zu Hause telephoniert. Bob wollte Irina zu einem Couscous Kenner machen, aber die Gegend war wohl zu touristisch, um Qualität beim Essen erwarten zu können. Mit dem Hintergedanken, ihr eine Fortsetzung des Studiums schmackhaft zu machen, zeigte er ihr dann die Sorbonne und das umliegende Viertel.

Szene 2: Auf der Suche

Gut ausgeschlafen, machten sie ein ausgiebiges Frühstück in der Hoffnung, das sich der Video-Mensch melden würde. Tatsächlich rief dieser gegen elf Uhr an und hielt Irina eine lange Werbeansprache für ‚hochwertige Pornos', ‚genau das Richtige für ein so interessantes Paar wie sie'. Schließlich rückte er mit einem Namen und einer Anschrift heraus, zu der das ‚interessante Paar' auch sofort hinfuhr. Allerdings kamen sie erst gegen Mittag an, da sie sich einmal mit der Metro verfahren hatten.

Bob entschied sich, trotzdem bei dem Namen zu klingeln, den sie schnell gefunden hatten. Eine Frauenstimme meldete sich und aus irgendwelchen Gründen antwortete Bob mit einer Einladung zum Mittagessen. Nach einer kurzen Entschuldigung für den Überfall erklärte er nur:

„Meine Frau und ich suchen meine Tochter. Da sie bei ihnen ihre Reisen bucht, hoffen wir, dass Sie uns weiterhelfen können."

Wohl, um nicht selbst ein Essen zubereiten zu müssen, sagte die Frau zu. Bob stellte Irina als seine zweite Frau vor und erfuhr vom Martha, dass das ganze Geschäft ‚heutzutage' nur noch im Internet ablief. Stolz berichtete die Frau von ihren technologischen Errungenschaften und nahm sie nach dem zweistündigen Essen zu sich mit. Die beiden Divonner staunten nicht schlecht über Marthas Wohnung, die eine ganze Etage in einem der schicken Hausmann'schen Häuser einnahm.

So, als ob sie den reichen Leuten beweisen wollte, daß sie zu diesem Kreis gehörte, zeigte Martha die exquisite Einrichtung ihrer Luxuswohnung. Sie lud sie zum Kaffee mit Liqueur ein und kamen endlich zur Sache. Die junge Frau auf dem Photo sagte ihr gar nichts, aber schließlich würde doch fast nur noch per Internet Geschäft gemacht. Auch der Name von Mickey rief keine Erinnerung hervor. Irina und Bob waren enttäuscht. Sie mussten weitersuchen.

Auf der Rückfahrt zum Meurice besprachen sie, wie sie mit dem Erlernten umgehen sollten. Sie wussten jetzt, dass Mickey häufiger zu Modeereignissen in Frankreich und Europa herumflog. Die Reisen, außer Urlaubsreisen, wurden von verschiedenen Agenturen bezahlt. Es erschien unwahrscheinlich, dass Mickey ernsthaft etwas studieren konnte mit der vollen Agenda. Sie hatten jetzt eine aktuelle Anschrift von ihr, wo Irina auf sie warten sollte, um zu sehen, ob alles stimmte. Aber was dann?

Wie beim Kontakt mit der Frau aus dem Reisebüro war Bob weiter in Angriffslaune:

„Ich klingele bei ihr und stelle sie zur Rede."
„Und wenn sie dich nicht sehen will?"
„Dann setze ich mich vor die Tür bis sie herauskommt."
„Und was mache ich solange?"
„Du gehst ins Louvre-Museum oder machst sonst etwas an Sightseeing."

Nach einer kurzen Siesta teilten sich die beiden die Arbeit ein. Irina sollte Mickeys Hauseingang beobachten und Bob anrufen, sobald sie auftauchen würde.

Bob sollte die Modehäuser im dritten Bezirk abklappern, ob er mit dem Photo Anne finden könne. Er war gerade in der Rue Sébastopol bei seiner dritten Firma, als Irina sich meldete.

„Sie ist gerade nach Hause gekommen, sieht aber voll geschminkt ziemlich anders aus als auf dem Photo. Ich musste ganz nahe an sie herangehen, um sicher zu sein."

Bob gab ihr Urlaub in Sachen Erpressung und begab sich eiligst auf den Weg zu der Anschrift von Mickey. Er wollte vermeiden, dass sie wieder wegging, bevor er ankam.

Er hatte Glück: Mickey war noch in der Wohnung und öffnete auch, obwohl er nur fragte: „Kann ich hochkommen?" Offensichtlich erwartete sie jemanden anders.

Als Mickey die Tür öffnete, fiel sie fast in Ohnmacht. Bob fing sie auf und das war ein Fehler. Ihr Geruch und die Nähe ihres Gesichts wischten seinen Ärger einfach weg. Sie küssten sich wie wild und fielen auf die Dielen des Flurs. Mickey riss ihm die Kleider vom Leib und sie schafften es kaum bis in das Bett in einem winzigen Schlafzimmer. Er brauchte keinen Stimulus und sofort waren sie in einer Art Nahkampf, so dass sie zu Mickeys Vergnügen zweimal aus dem Bett fielen. Beim zweiten Mal stieß er sich den Kopf an einem mächtigen Kleiderständer für teure Roben und Westen. Er fluchte und sie lachte wie toll.

Als sie beide endlich wieder einigermaßen normal geworden waren, fragte sich Bob, ob er jetzt angreifen sollte. Sie sagte jemandem für das Abendessen ab und fragte ihn:

„Wo essen wir heute Abend, Herr Milliardär?"

Bob wusste nicht, was er sagen sollte. Da half ihm das Telephon. Irina wollte wissen, wo er steckte und was sie beide abends zu vorhatten. Völlig unvorbereitet, erzählte er ihr große Teile der Wahrheit, log ihr und sich selber aber vor, dass das alles nur der Suche nach Anne und den Leuten im Hintergrund galt. Er bat sie einfach, am folgenden Tag die Liste der Prêt-à-Porter Firmen gemäß ihren Plänen abzuarbeiten, während er Mickey, ‚heute und morgen nochmal verhören' wolle. Er spürte, dass sie stutzte, und versprach mittags im Meurice zu sein.

Beim Abendessen und die ganze Nacht hindurch hielt Bob sich selbst zum Narren. Er spielte Mickey vor, wie sehr er sie liebte und sie ihm gefehlt hatte, dass er gar nicht merkte, wie stark er dies wirklich empfand. Er erklärte nur, dass er sie deshalb gesucht hätte, und fraß sie fast schon beim Essen auf. Es schien ihm offensichtlich, dass sie seine Gefühle erwiderte, und so wurde es eine Nacht, in der sie nicht viel schliefen. Morgens im Halbschlaf, entschied sich Bob, den Angriff erst später zu starten, damit er ‚besser wirken würde'. Sie beschlossen, sich wieder abends bei ihr zu treffen, weil jeder zu tun hatte.

Tagsüber arbeiteten er und Irina ihre Liste ab; erfolglos, wie sich herausstellte. Da Irina eine Siesta brauchte, war Bob auch noch zu diesem Zeitpunkt zu Liebesdiensten gezwungen. Danach genoss Irina eine lange Kaffee-Pause im kleinen Restaurant des Meurice.

Als Bob am Abend bei Mickey eintraf, empfing diese ihn jedoch in einer Art und Weise, die er nicht von ihr kannte. Sie schrie ihn an, dass die Spucke nur so flog. Er sei ein ganz Schlimmer. Ihr heuchelte er Liebe vor, während er sich das schönste Escort Girl der Welt in seinem Hotelzimmer versteckte. Was hätte er den Nachmittag so getrieben mit der makellosen blonden Schönheit? Und sie erfand die schlimmsten Namen für ihn. Als er sich verteidigen wollte, machte er alles noch schlimmer. Mickey fand es gar nicht lustig, dass Irina mit ihm nicht nur im Hotel zusammen war, sondern auch zu Hause bei ihm wohnte. Sie war rasend vor Eifersucht, machte ihre Toilette, und sagte, dass sie eine Verabredung hätte und gegen Mitternacht wieder zurück sei.

„Du überlegst dir in meiner Abwesenheit gut, ob du mich weiter betrügen willst mit der Blonden! Wenn doch, quäle ich dich zu Tode!“

Bevor Bob noch Genaueres mit ihr bereden konnte, war sie verschwunden. Vielleicht war das gut so, denn jetzt blieben ihm einige Stunden, um in seinem Kopf aufzuräumen. Er war dabei, sich wieder in die kleine Kriminelle zu verlieben, die ihren Körper verkaufte und auch Erpressungen nicht verschmähte. Offensichtlich war sie ihm ins Hotel gefolgt und hatte ihn mit Irina gesehen und platzte jetzt vor Eifersucht.

Könnte er ihr helfen, wenn er sie einmal finanziell unabhängig machen würde oder würde das ihre Tendenzen nur verstärken? Er legte sich auf das zerwühlte Bett. Aber dies war wirklich ein Fehler; ihr Duft und die Wärme ergriffen ihn und er empfand starke Lust nach diesem so schwer verständlichen Wesen.

Er schlief angezogen ein und wachte kaum auf, als Mickey spät nachts zurückkam. Sie half ihm beim Ausziehen und sie schliefen ein, ohne an etwas anderes gedacht zu haben.

Schon sehr früh war Mickey auf den langen Beinen. Sie habe eine frühe Vorlesung und es sei doch sehr weit zur Sorbonne. War das eine Strafe für ihn? Da sie wohl kaum studieren würde, hatte sie offensichtlich andere Verpflichtungen. Ohne Kuss verließ sie ihn und da saß er nun, der unglückliche Liebhaber.

Er erinnerte sich, dass Jela ihm mehrfach vom Place Vendome im Zusammenhang mit Anne erzählt hatte und machte sich auf, dort hinzufahren. Da fiel ihm auf, dass er nicht einmal eine Nummer vom mobilen Telephon von Mickey hatte. Verwirrt wühlte Bob ein wenig in der wilden Unordnung auf ihrem Schreibtisch herum, um etwas mit ihrer Nummer zu finden. Dabei fielen einige Papiere von ihren Drucker. Er wollte nicht neugierig erscheinen und legte sie zurück auf den Tisch als er sah, worum es sich handelte. Es waren schlechte Kopien seiner Kreditkarten!

Zum zweiten Mal in seiner Zweisamkeit mit Mickey versetzte es ihm einen Schlag in den Magen. Er musste sich fast übergeben. Das Biest belog und betrog ihn schon wieder. Wäre sie im Raum gewesen, hätte es für sie gefährlich werden können, Genauso wie er sie mit seinem ganzen Körper liebte, hasste er sie jetzt.

Wem wollte sie diese Daten durchgeben? War es schon geschehen? Steckte sie auch hinter der Erpressung und gar nicht Anne? Wieviel würde sie als Belohnung erhalten?

Zunächst rief er bei Lise an und bat sie, alle seine Konten zu sperren und neue zu eröffnen. Bei seiner baldigen Rückkehr würde er alles erklären. Grinsend fiel ihm auf, dass er die finanziellen Risiken vorrangig behandelte. Die Video-Überwachung seines Hauses hatte er noch vor seiner Abreise überprüft, und die Kinder mussten immer von Erwachsenen begleitet werden. Vielleicht brauchten sie alle auch einen Personen-schutz. Aber das wollte er nach der Rückkehr aus Paris entscheiden. Bobs Banker-Verstand brauchte viel Zeit, um die neuen Informationen produktiv zu verarbeiten. Deshalb machte er sich mit der Metro auf den Weg zum Place Vendome, Kopien des Photos von Anne in der Tasche.

Wie ferngesteuert stand Bob in der Metro und versuchte, seinen Hass auf Mickey zu kanalisieren. Sollte er versuchen, sie wie auf Madeira zum Sprechen zu bringen? Viel hatte er aber damals nicht herausbekommen. Warum sollte es ihm diesmal besser gelingen? Er spürte, dass es ihm schwer fallen würde, sich zu beherrschen.

Immer noch wie in Trance lief er dann auf dem schicken Platz herum. Die meisten Boutiquen waren keine Mode-, sondern Juwelier- Geschäfte oder Boutiquen für Lederwaren. Er zeigte sein Photo in den wenigen reinen Modehäusern am Platz.

Als er schon aufgeben wollte, gelangte er in eins dieser ‚Hotel Particuliers', wie man die Stadtvillen hier nannte, das sich in totaler Unordnung befand. Man war offensichtlich dabei, ein Ereignis vorzubereiten. Als er einer vorbeieilenden Frau das Photo unter die Nase hielt, schnauzte diese ihn auf die gute Pariser Art nur an.

Sie meinte, er solle sie doch selber fragen. Sie sei in der zweiten Etage. Aus dem Aufzug kommend, hielt Bob inne; er konnte ja Anne kaum vor ihren Kollegen im gleichen Stil zur Rede stellen wie in Madeira. Er beschloss, vorsichtig zu sein und vor allem kein Aufsehen zu erregen. So stellte er sich ganz unauffällig neben Annes Schreibtisch in der Mitte eines Großraumbüros bis diese aufblickte und einen Schrei ausstieß, der bei dem allgemeinen Trubel aber nicht weiter auffiel. Er stellte sich hinter sie und drückte sie auf den Stuhl:

„Wenn Du keinen Ärger haben willst, stehst Du jetzt ganz normal auf, nimmst Deine Handtasche und wir gehen einen Kaffee trinken."

Völlig verdattert und bleich im Gesicht, machte Anne, was er ihr befahl. Die Frau starrte ihn nur an, als sie sich in einem Café niederließen. Bob bestellte zwei Kaffees und schoss direkt auf das Ziel:

„Pass auf, Anne, entweder ich erhalte jetzt klare Auskünfte oder ich bringe dich zur Polizei. Willst du mir antworten?" Sie nickte mit dem Kopf.

„Du hast mir gesagt, dass du mir alle Filme von Jela und dir gegeben hast. Wie kann es dann sein, dass meine Frau jetzt einen Film und ich eine Rechnung von mehreren Millionen erhalte?" Fast stotternd erklärte ihm Anne, dass sie das Ganze nicht verstehen könne, da sie und Mickey ihm alle Chips gegeben hätten. Da sie auch keine Bezahlung von ihren Auftraggebern erhalten hätte, sah sie die Affäre auch als abgeschlossen an. Sie brach in Tränen aus:

„Wenn ich gewusst hätte, was diese Geschichte noch nach sich ziehen würde, hätte ich mich nie auf so etwas eingelassen.“ Ihr ganzes Pariser Schickeria-Gehabe war von ihr abgefallen. „Außerdem hat es nichts genutzt. Ich musste Konkurs anmelden für meine Boutique und spiele jetzt den Büroclown hier in dem Tohuwabohu.“

„Hatte Mickey Zugriff zu deinen Aufnahmen in Madera?“„Hmm, ich hatte sie gebeten, den ersten Chip von Jela und mir nach Paris zu schicken, glaube aber nicht, dass sie das in der kurzen Zeit zustande gebracht hat.“

Damit bestätigte sie Bobs Vermutung, dass Mickey der Haupttäter war. Er ließ Anne sitzen und fuhr zurück zu Mickey Studentenbude. Sie saß schon auf dem Bett und teilte ihm fröhlich mit, dass sie für die Fashion Week als Modell angeheuert worden war.

„Und zwar als eine der ersten.“ Sie umarmte ihn, als wenn nichts gewesen wäre und begann ihre Bluse aufzuknöpfen.

„Liebe meine Brüste nochmal so, wie nur du es kannst, und ich vergebe dir deine Affäre mit Irina, oder wie sie heißt.“

Da Bob gehofft hatte, bis zum Mittagessen Zeit zu haben, war er nicht so gut auf den Show Down vorbereitet, wie er es üblicherweise vorzog. Er holte seine Kamera aus der Tasche und stellte sie an:

„Höre mit deinen Faxen auf! Ich weiß, dass ich ein Idiot bin, wenn es um dich geht, aber das heißt nicht, dass ich mir vorschreiben lasse, wer in meinem Haushalt lebt!“

„Schon lange kann ich dir nicht erlauben, dass du meine Frau auf kleiner Flamme töten lässt! Ich will ein vollständiges Geständnis und vor allem Namen und Telephon-Nummern! Und dann erzählst du mir, was du mit meinen Kontonummern vorhast."

Er versuchte ruhig zu bleiben, aber die Aufzählung ihrer Verbrechen versetzte ihn wieder in Rage. Er bemerkte, dass Mickey doch stark betroffen war, dass er die Kontengeschichte kannte, die sie doch nur als Nebengeschäft für sich selber in Gang setzen wollte. Bei ihr setzte die höchste Alarmstufe ein, denn jetzt hatte er sie in der Hand. Ihre Augen signalisierten eine aufkommende Panik. In einer Minute war alles zerstört worden, was sie sich erträumt hatte.

Sie musste nicht lange überlegen, und stieß ihn um. Bob fiel rückwärts auf einen Stuhl, der zusammenbrach. Der Schwung riss ihn dann zur Seite, mit dem Gesicht nach unten fiel er auf den Boden.

Ein entsetzlicher Schmerz durchzuckte seine Schulter und es wurde ganz kurz schwarz vor seinen Augen. Als er sich mit Mühen umdrehte, riss er instinktiv beide Arme hoch, was ihm wahrscheinlich das Leben rettete, denn er fing den rechten Arm von Mickey auf, mit dem sie ein Stilett in ihn stechen wollte. Vor Schmerzen brüllend, drehte er sie zur Seite. Das Messer fiel zu Boden und er griff schnell nach ihm, denn Mickey wollte es wieder an sich reißen. Sie hatte ein total verzerrtes Gesicht und zischte:

„Du Verräter. Du machst alles kaputt!“ und warf sich nochmal auf ihn mit dem schweren Kleiderständer in beiden Händen. Instinktiv hielt Bob das Messer hoch, auf das sie mit vollem Schwung fiel. Ihr Schlag mit dem hölzernen Ständer traf ihn so ohne maximale Wucht, aber er verlor nun doch das Bewusstsein.

Szene 3: Erholung im Hôtel-Dieu

Die Welt bestand aus angenehmen dunklen Schattierungen, deren hellere Partien sich ab und zu bewegten, so als ob jemand vor einer Lichtquelle hin- und her ging. Bob fand das ganz lustig und wollte weiterschlafen, als ihn jemand auf Französisch ansprach.

„Sind Sie wach, Monsieur? Seien Sie vorsichtig! Ihre Augen sind verbunden und so können Sie nichts sehen. Ich hole mal ihre Freundin, die nebenan schläft. Vorsicht, bitte, mit abrupten Bewegungen! Sie hängen am Tropf, weil sie sehr viel Blut verloren haben“

Bob wollte endlich weiterschlafen, aber dann spürte er eine Hand auf seinem Mund, die nur Irina gehören konnte. Seine Liebe zu ihr war unendlich. Als er ihr es sagte, fielen ein paar Tropfen auf sein Gesicht, wahrscheinlich Tränen.

„Sage nichts, Bobby. Ich erkläre dir alles, und dann schläfst du so lange wie es geht.“ So erfuhr Bob, dass er Mickey getötet hatte und zuckte zusammen.

„Bin ich im Gefängnis?“ - „Nein! Clever, wie du es nun einmal bist, hast du ja die ganze Szene auf Video aufgenommen und bist nicht einmal in Gefahr geraten, bei der Polizei eingeliefert zu werden. Sie werden aber heute Nachmittag zum Verhör vorbeikommen. Du bist im Hôtel-Dieu, das ist kein Hotel oder weißt du, was das ist?“ - „Das ist ein bekanntes Krankenhaus, oder?“ - „Genau, eins im Quartier Latin, wo schon viele berühmte Leute verarztet wurden.“

„Bin ich denn jetzt berühmt und was ist mit meinen Augen?“

„Mickey hat versucht, dir mit etwas Schwerem auf den Kopf zu schlagen und hat dabei nur die Ecke des linken Auges erwischt. Das ist nicht schlimm, ist aber vorsorglich auch operiert worden. Die Polizei hat dich übrigens aus der Presse herausgehalten. Mit ihrem merkwürdigen Präsidenten haben die hier ganz andere Probleme.“

„Was heißt hier ‚auch operiert‘?“

„Du hast eine Stichwunde über der rechten Schulter, die ziemlich böse ist, weil das Messer vom Schulterblatt abgerutscht ist und einiges an sonstigem Schaden verursacht hat. Deine Fähigkeiten im Bett sind aber nicht betroffen.“

Wenn sie sich solche Witze erlaubt, kann es nicht so schlimm sein, dachte sich Bob und wollte ihr in gleicher Münze heimzahlen.

„Falls Schwestern im Raum sind, schicke sie doch bitte hinaus. Dann machen wir gleich dein Baby. Du musst mir nur die Bettdecke wegnehmen.“

Das war aber das Letzte, was er noch zusammenbrachte, bevor er einschlief. Der nächste Erinnerungsfetzen waren der von einer Art Verhör durch die Polizei, bei dem er indirekt erfuhr, dass er noch Irina angerufen hatte, bevor er völlig das Bewusstsein verloren hatte.
Er hatte sie aufgefordert, zwei Ambulanzen zu Mickeys Anschrift zu schicken, wo sie selber nur einige Minuten nach dem Krankenwagen und der Polizei eintraf.

Immer, wenn er aufwachte, war jemand Weibliches in seiner Nähe, was ihn sehr beruhigte. Dann war da ein angenehmes Geknutsche mit einer Frau, die sich als Jela zu erkennen gab, als er sich weigerte, sie mit noch immer verbundenen Augen zu identifizieren. Glücklich schlief er danach ein, und es schienen Jahre vergangen zu sein als er endlich wieder richtig klar im Kopf wurde.

Was hatte Jela in Paris zu tun, sie, die sich selbst in Divonne kaum aus dem Haus begab? Er öffnete die Augen, es war aber dunkel bis auf die Lichter an einigen Geräten und er fragte behutsam: „Jela, Darling, bist Du da?“ Er erhielt allerdings keine Antwort und schlief wieder ein. Jetzt allerdings hatte er einen merkwürdigen Traum. Dieser begann mit Erklärungen zum Einsatz des Messers von Bastian, einem deutschen Soldaten, von dem er ein oberflächliches Nahkampftraining erhalten hatte, als er sich nach einem ihm geltenden Attentat verstecken musste*.

„Das Ding ist nicht zum Reinigen von Fingernägeln da, Bob! Entweder du machst es richtig oder gar nicht!“

Danach liebte er seinen verrückten Liebling Mickey in diesem Traum und sie kitzelte ihn mit einem Messer: Als sie jedoch begann, auf seinem Bauch die Haut aufzuritzen, so dass es stark blutete, wurde er wütend und wollte sie abwerfen. Das ärgerte sie so sehr, dass sie nach ihm stach.
Das erinnerte ihn an den Schmerz im Rücken und er wollte aufwachen, was ihm aber nicht gelang. Er träumte, dass er ihr das Messer entrissen und ganz kalt ins Herz gestoßen hat-

* Vgl „Ein asymmetrischer Krieg“ vom gleichen Autor

te, genauso wie Bastian es ihm beigebracht hatte. Es fühlte sich gar nicht besonders an, einfach so, als wenn man ein Messer in ein Kissen hineinstößt. Es knirschte nicht einmal!

Erschöpft wachte er auf. Es war, als ob er wirklich mit Mickey gekämpft hätte. Er klingelte und die Nachtschwester kam. Er bat um etwas zu trinken und eine Schlaftablette. „Wo sind denn meine Frauen?“ wollte dann wissen. Im guten Pariser Stil erhielt er eine Retourkutsche: „Ihr Harem hat Ausgang, Mister!“

Das war endlich einmal eine gute Nachricht und am Morgen fühlte er sich stark genug, sich von Jela und Irina verwöhnen zu lassen. Als er die Antwort der Nachtschwester wiedergab, rief das ein fröhliches Gelächter hervor, und Bob erfuhr, dass Lise befohlen hatte, dass Jela im Hotel schlafen musste, nachdem sie eine Nacht an Bobs Seite verbracht hatte. Irina sollte sie ins Hotel bringen und auf jeden Fall bei ihr bleiben. Außerdem gab er Jela sein verstecktes Bargeld.

„Jela ist eher in Gefahr als der Hahn im Korbe“, hatte Lise klargestellt.

Erstmalig erhielt Bob jetzt ein vollständiges Bild der Ereignisse: Irina hatte noch abends in Divonne angerufen und die Frauen in Aufruhr versetzt. Lise hatte ihr aufgetragen, um Polizeischutz für Bob zu bitten und selber möglichst viel im Krankenhaus zu sein.

Von sich aus gab ihr die Pariser Polizei einen Geleitschutz, an den sie sich aber nicht gewöhnen konnte.

Gegen Mittag am folgenden Tag rief Jela an, sie sei im Taxi zum Hotel unterwegs und die, liebe Irina‘ solle doch für sie ein Zimmer im Meurice reservieren. So räumte die verdatterte Irina ihre Sachen aus der Suite, die sie mit Bob bewohnte und zog in ein kleines Zimmer um. So konnte Jela bei Bob einziehen. Für das Kind aus Osteuropa hatte die Ehefrau Vorrang. Dann meldeten sich total aufgelöst Lise und Sandrine, die nichts von Jelas Abreise gewusst hatten. Irina war gezwungen, ihnen zu sagen, dass die Geschichte gar nicht so ungefährlich war, weil Bob sehr viel Blut verloren hatte, bevor die Sanitäter eintrafen. Mit Transfusionen würde er jetzt aber langsam wieder hochgepäppelt.

Als die Polizei Irina zur Identifizierung den Videofilm von der Bluttat zeigte, hatte sie den Eindruck, dass Bob ganz bewusst zustach, als sich Mickey auf ihn stürzte. Ihr ganzes Leben lang gab sie diese Wahrnehmung aber nicht preis. Stattdessen gestand sie Bob einen folgenschweren Diebstahl: Sie hatte Mickeys Laptop mitgenommen, weil sie nicht wusste, wer als erstes in ihrer Wohnung eintreffen würde: „Sicher ist sicher“, meinte sie etwas unsicher, war aber erleichtert, als Bob mit dem Kopf nickte.

Als Bob endlich wieder aufwachte, überhörte er wie seine beiden Süßen über eine ‚Martha‘ und einen ‚Didier‘ sprachen. Der Frauenname kam ihm bekannt vor, nicht aber der des Mannes. So erschreckte er beide mit dieser Frage und sie drucksten herum, bis ihm der Kragen platzte:

„Ich dachte, wir sind alle im gleichen Boot, um Jela vor einer mittleren Katastrophe zu bewahren. Und jetzt wollt ihr mich bemogeln, ihr unheilige Schwestern!“

Schließlich war es Jela, die die Verantwortung übernahm und berichtete: „Wie du immer so rüpelhaft sagst, werden wir jetzt die Hosen herunterlassen. Da mit dir zur Zeit ja nichts anzufangen ist, haben sich die beiden wenig bekannten Privatdetektive Plisch und Plumm auf die Suche nach Marthas Reisebüro gemacht. Wir haben uns Jeans und Käppis gekauft und haben vor ihrer Wohnung gewartet, bis sie unauffällig schick wie immer erschien. Abwechselnd ist eine von uns ihr ganz nahe gefolgt und dann haben wir gewechselt. Das war nicht häufig nötig, denn sie verschwand schon sehr bald in einem Haus im gleichen Viertel. Drei Etagen waren von einem Büro belegt, dass ‚Internet Voyages‘ hieß.“

„Und dann habt ihr eure Pistolen gezückt und seid ins Büro gestürmt, um die Chefin der größten Betrugsorganisation in Paris festzunehmen“, beendete Bob die Story. Aber die beiden schüttelten nur den Kopf: „Wir haben gar keine Pistolen“, kam die kleinlaute Reaktion. „Irina war ja bekannt und Jela wusste nicht, was sie am Empfang sagen sollte. Wie dem auch sei, sind wir zu Anne gefahren, um mehr Hintergrund zu dem Büro herauszubekommen.“

„Die gute Anne war nur ein Häufchen Elend, als wir sie fanden. Sie überlegte, ob sie überhaupt noch ins Büro gehen oder gleich vor einem Zug ihrem Leben ein Ende bereiten sollte“, berichtete jetzt Irina. „Aber Jela wusste genau, wie man mit ihr sprechen musste, und ich verließ ihr Apartment.“

Jela übernahm die Erzählerrolle: „Du erinnerst dich, wie gut wir miteinander auf Madeira ausgekommen sind und so habe ich sie langsam überzeugt, wieder zur Arbeit zu gehen, damit nichts Auffälliges geschehen würde und gleichzeitig die Polizei anzurufen, die tatsächlich in einer Stunde eintrafen. Ich sicherte ihr zu, dass wir die gesamten Kosten eines eventuellen Verfahrens übernehmen würden. Sorry, ich konnte dich ja nicht vorher fragen!" Bob nickte nur mit dem Kopf; die Geschichte entwickelte sich gerade wie er es sich wünschte.

„Ausnahmsweise durfte ich bei dem inoffiziellen Verhör dabei sein und so erfuhr ich, dass Annes Kontakt zu den Auftraggebern ein gewisser Didier sei, ein echt Pariser Schnösel, der alle Bistros der Stadt kennt. Sie traf ihn zweimal.

Das erste Mal gab er eine Art Einführung in die Cyber-Erpressung und die Wichtigkeit dessen, was er ‚Basismaterial' nannte: Die Aufnahmen der Zielperson in verfänglichen Situationen. Er erklärte die Benutzung der Video-Kameras und das geringe Risiko, solange die Kameras nicht gefunden wurden, was angeblich ‚aber bis jetzt nicht stattgefunden hat'." Stolz sah ihn seine Frau an. Da er den Rücken noch nicht bewegen konnte, bat er sie, ihn zu umarmen und versprach mehr für später.

„Bevor du mich zum zweitausendsiebenhundertunddreiund fünfzigsten Mal verführst, lass mich zu Ende berichten! Beim zweiten Kontakt übergab der Gangster Anne das Geld für den Flug und den Aufenthalt zuzüglich der Hälfte ihrer Prämie: fünftausend Euros."

„Und so haben wir diskutiert, ob wir dir diese Nachrichten schon mitteilen sollten. Du bist ja immer noch in schlechter Verfassung, nicht wahr“, schloss Irina den Bericht ab. „Damit bist du jetzt auch auf dem gleichen Informationsstand wie die Polizei. Die Helden zögern aber noch einzugreifen, weil alle Kräfte im Anti-Terror-Einsatz sind und sie politisch wegen des Ausnahmezustandes unter Druck sind. Eine Riesen-Razzia ohne Erfolg wäre eine schlimme Katastrophe für die Regierung. Dein Freund Latour aus Gex scheint die Leute vom Quai d'Orsay zu drängeln, aber die sind zu nahe an der Regierung. Ich glaube, dort haben wir bestenfalls den kleinen Inspektor Dutoit auf unserer Seite. Die anderen sehen uns nur als dekadente ‚Mondialisten‘, die mit den Oligarchen im Osten Geschäfte machen.“

Ganz begeistert von seinen beiden Frauen, beglückwünschte er sie:

„Hört mal gut zu, Mesdames Plisch und Plumm: Ich lade euch zu einem Abendessen im Goncour mit anschliessender Besichtigung der antiken Betten im Meurice ein, und ihr habt auch eine unbegrenzte Summe für Mode zur Verfügung. Vielleicht kann Anne euch bei der Auswahl treffen. Was die Gute angeht, ist sie sicherlich in Gefahr hier in Paris. Wir nehmen sie einfach zu uns mit und mein Anwalt wird der Polizei klarmachen, dass das eine gute Lösung für alle ist. Leider gibt es in Frankreich nicht das Kronzeugen-Prinzip, mit dem sie sich freikaufen könnte.“

Szene 4: Angriffsvorbereitungen

Der folgende Tag machte zunächst einen langweiligen Eindruck: Die Französische Polizei hatte noch am Abend die Kopien der Photos der beiden Frauen abgeholt, die Jela vorher im Büro des Krankenhauses gemacht hatte. Sie faxte auch alle Bilder an den General in Genf und an Fred in Berlin. „Sicher ist sicher!" hatte Bob gesagt und war eingeschlafen. Die Schwester hatte Jela ins Hotel geschickt und sie merkwürdig angeschaut. Sie kannte nicht so viele Leute, die im Meurice wohnten.

So fragten sich Irina und Bob, wie sie den Tag totschlagen könnten; sie konnten doch nicht wie Kinder Kartenspielen! Gegen elf erschien eine völlig neu eingekleidete Jela voller Energie. So als ob sie noch nie gebremst worden war von einer tiefsitzenden Depression, legte sie ihren Schlachtplan dar:

„Heute um fünf kommen mehrere Vertreter der französischen Polizeidienste, um mit Anne und uns Dreien zu besprechen, wie wir an den jungen Schnösel herankommen, von dem wir jetzt einiges an Informationen haben." Irina und Bob sahen sie an, als ob sie etwas sehr Obszönes gesagt hatte.

„Wie willst Du Anne dazu bringen, sich selbst anzuklagen?" so kam auch gleich die Frage von Bob.

„So wie ich die Franzosen kenne", meinte seine amerikanische Frau, „können wir doch einen Deal machen. Wir tauschen einen kleinen Fisch gegen einen großen."

Der zuständige Inspektor war ganz aufgeregt, als ich ihn anrief. „Irgendwie habe ich das Gefühl, dass sie mehr hinter der Angelegenheit vermuten. Außerdem habe ich Anne versprochen, dass mein reicher Mann ihr jede Form von Rechtshilfe finanzieren wird."

Irina sah sie bewundernd an und fragte: „Habt Ihr schon etwas mit Mickeys Laptop anfangen können? " Bob und Jela hatten diese Information völlig verdrängt! Irina holte das Gerät aus Bobs Nachttisch und übergab es Jela: „Als der Familienguru in Technologiefragen wirst du ihn doch sicherlich öffnen können." „Fragt sich nur wie lange das dauern wird", sagte Jela und verschwand mit dem Gerät unter dem Arm im Flur.

Bob und Irina fingen an zu spekulieren über das, was sie finden würden, und hätten fast das Essen vergessen, das in Krankenhäusern immer sehr frühzeitig kommt. Die allgemeine Aufbruchsstimmung steckte Bob an, der den Polizisten von draußen hereinrief und ihm einen Auftrag für vier Couscous und einen roten Wein gab. „Sie sind aber nur drei", meinte der verlegen, grinste aber, als Bob ihn fragte, ob er etwas gegen arabische Gerichte hätte.

Gut ausgeschlafen nach dem guten Essen und dem Wein, aber immer noch schwach, musste Bob feststellen, dass alle französischen Geheimdienste und mehrere Dienststellen der Polizei an seinem Bett vertreten waren. Alle, außer Anne waren aufgekratzt und schienen gleichzeitig zu sprechen. Um Punkt fünf Uhr kam der Polizeichef herein und übernahm das Wort.

Aus seiner zu langen Rede entnahm die Mitglieder des Horner Klans, dass die Polizeidienste es als eine einmalige Chance ansahen, hinter die Kulissen einer neuen Form des Internet-Verbrechens zu schauen, das die Super-Reichen und die Leute im Visier hatte, die man in Frankreich die ‚People' nennt.

Als erstes berichtete ein kleiner, aber pfiffiger Inspektor namens Dutoit, dass die Informationen aus dem Computer von Anne bestätigten, was sie ahnten, wofür sie aber bisher keine Beweise hatten. Auf jedem Fall war es Didier gelungen, wie der Gangster laut seinen Bank-Karten wahrscheinlich wirklich hieß, nicht auffindbar zu sein. Vielleicht würde ja das Material aus Mickeys Labtop weiterhelfen, wenn man ihn endlich finden würde.

Die Horners staunten zu erfahren, dass sie nur ein Bauernopfer in einem riesigen Schachspiel mit Unsummen waren. Der Inspektor nannte es ‚Saubere Cyber-Verbrechen` und hielt einen Vortrag, der aus seiner Sicht noch nicht vollständig war, aber einen Einblick verschaffen sollte in diese neuen Formen von Verbrechen, die laut ihm ‚fast immer ohne Gewalt' auskommen.

Dutoit begann mit den Spielchen der Halbwüchsigen im Facebook, die drohten, Photos zu veröffentlichen, wenn sie nicht ein Rendezvous mit einem bestimmten Mädchen erhalten würden. Diese Photos waren meistens, aber nicht immer, ziemlich harmlos, aber durchaus wirksam. Es schien auch so zu sein, dass die Ados langsam vorsichtiger mit ihren Selfies und privaten Filmen umgehen würden.

„Dies sind durchaus Aktivitäten, die man als kriminell bezeichnen muss. Sie kommen aber fast nie in die Öffentlichkeit", erklärte der Inspektor.

„Eine weitaus schlimmere Art von kriminellen Cyber- Aktivitäten läuft in der Kombination Telephon/ Internetbanking ab. Möglicherweise haben auch Sie schon einmal einen Anruf der Art erhalten, dass jemand einen beachtlichen Betrag für Sie erhalten haben will, und jetzt ihre Bankdaten zum Überweisen braucht. Je nach Dreistigkeit will man dann gleich oder erst später auch ihr Passwort haben. In den USA hat diese etwas breitere Form des ID Diebstahls als ‚Phishing' bereits Epidemie-artige Formen erhalten. Typisch für diese neuen Formen der Kriminalität ist ihre ‚softe` Art, niemand kommt körperlich zu Schaden."

„Irgendwann ist jemand auf die Idee gekommen, dass man die Ado-Spielchen auf Super-Reiche übertragen kann. Man braucht bloß das passende Material, um Druck auszuüben, Beweise bezüglich Geld, Steuern oder Sex."

Dutoit war in Form: „Während es relativ leicht ist, die persönlichen Daten wie den Wohnsitz dieser wohlhabenden und/ oder berühmten Leute aus den gängigen ‚People` Zeitschriften mit ihren jährlichen Hit-Listen der Top 500 Reichsten zu finden, ist es natürlich weitaus schwieriger, das Material zur Erpressung zu erhalten. Hier müssen meist mehr oder minder raffinierte Pläne entwickelt werden, wie man sich belastendes Material beschafft." Er erwartete Fragen, aber alle lauschten gespannt.

„Wenn überhaupt“, fuhr der Mann vom Quai d`Orsay fort, „kommen bei der Materialbeschaffung schon mal körperliche Einschüchterungsversuche vor. So richtig gewaltsam wird es nach bisherigen Erfahrungen aber nur selten. Damit ist die Wahrscheinlichkeit sehr gering, dass wir Anzeigen erhalten. Das ist insbesondere wahr, als dieser Kreis von direkt Betroffenen kein Interesse habt, in die Öffentlichkeit gezerrt zu werden.“

Mit der Autorität ihres Doktor-Titels intervenierte dann Jela: „Wir sind uns aber alle klar hier, dass wir Anne viel für die Aufklärung verdanken, und dass sie deshalb nur als Zeuge in diesem Prozess zur Verfügung steht. Ich habe doch ihr Wort, Herr Präfekt, nicht wahr.“ Wieder sahen sich Bob und Irina staunend an. „Ihr Kopfnicken reicht nicht, ich will es hören“, setzte Jela frech hinzu. Verblüfft stimmte der Mann zu. Bob erwartete, dass einer seiner Frauen die Tatsache preisgab, dass sie Mickeys PC hatten, aber die beiden rührten sich nicht.

Als die folgende Diskussion um den besten Weg, dem Gangster eine Falle zu stellen, zu lange dauerte, nickte Bob wieder ein. Er wachte erst wieder auf, als es um den Wortlaut eines SMS von Anne an den jungen Erpresser ging.

„Madeira Ziel ist bereit zu verhandeln. Einzelheiten bei mir Morgenabend neunzehn Uhr. Anne“, schlug er vor und erhielt sofort ein ok, denn ohne sein Einverständnis hätten sie nicht gewusst, wie sie den Haken auswerfen sollten.

„Wenn Anne morgen Abend von der Arbeit kommt, müsst ihr aber schon lange in der Wohnung und im Haus sein, damit der Typ nicht die Lunte riecht. Auch würde ich empfehlen, nicht wie in Frankreich üblich, aus dem Mann ein Sieb zu machen, sondern ihn lebend festzunehmen.“ Bob erhielt verärgerte Blicke, die zeigten, dass er sie erwischte hatte, die Leute von den Polizeidiensten.

3. Akt: Widersprüchliche Nachrichten

Szene 1: Teilerfolge

Szene 2: Business Analyse

Szene 3: Ein kleiner Fortschritt

Szene 4: Zwei erste Schritte

Szene 1: Teilerfolge

Am folgenden Morgen kamen Jela und Irena ins Hôtel-Dieu Krankenhaus als Bob sein Frühstück schon eingenommen hatte. Zum Trost brachten sie ihm sein Lieblingsomlett aus dem Meurice mit, das er sogleich verspeiste: „Mein Nachtisch“, meinte er zufrieden und richtete seine Spezialkissen zurecht, die ihm den Druck auf die Wunde über dem Schulterblatt verringerten:

„Wann darf ich denn raus aus diesem Gotteshaus (direkte Übersetzung von Hôtel-Dieu)? Ich möchte wieder meine süße Lena knuddeln und den Befehlen von Lise folgen.“

„Und die Nächte mit der nicht minder süßen Sandrine verbringen“, fügte Jela hinzu. Irina konnte sich immer noch nicht an den frischen Ton der von ihr verehrten Frau des Chefs gewöhnen.

„Come to think of it (apropos)”, führte Bob den Scherzwettbewerb weiter, „als Held, der seine Haut für seine Familie in dem Krieg der Erpresser geopfert hat, steht mir doch wenigstens eine oberflächliche Ausprägung einer Ménage à Trois zu, nicht wahr, ihr Ober-Hübschen?“

Jela nahm Irina beim Arm und sie tuschelten ein wenig. Dann setzte sich Jela neben ihren Mann und rückte die Kissen zurecht, damit sie ihn küssen konnte, was sie dann auch ausgiebig tat. Als Bob fühlte, dass es ihm in kritischen Bereichen erst kalt und dann warm wurde, gingen bei ihm die Alarmlichter an. Aber angenehm war es schon.

Als er protestieren wollte, tauschten die beiden Frauen die Plätze und die junge Lettin stellte unter Beweis, dass sie auch engagiert seine Lippen küssen konnte, während Jela ihren Platz einnahm.

Wesentlich später packten die beiden Frauen dann ihre Überraschung aus: „Wir waren schon bei der Polizei. Der schöne Didier sitzt schon am Quai d'Orsay und wird ausgequetscht wie eine Zitrone. Wir hoffen nur, dass sie ihn nicht zu sehr quälen!"

Bob war verunsichert. Hatte er einen Tag verschlafen? Gnädig ließ sich Jela herab, ihm die Neuheiten zu unterbreiten. Sie genoss es offensichtlich, noch einmal den aktiven Part spielen zu können. So erfuhr Bob mit einigen typischen Jela-Ausschmückungen, dass Didier sofort Anne gerufen hatte und das Treffen auf den Abend des gleichen Tages vorverlegt hatte.

„So wollte er sich gegen eine Falle absichern", erklärte Bob. Als Didier bei Anne klingelte, war es der Polizei gerade einmal gelungen, fünf Beamte in ihrem Apartment zu verstecken, die außer schuss-sicheren Westen keine speziellen Absicherungen hereinschmuggeln konnten. Sobald er allerdings im Hauseingang verschwunden war, hatten sie eine ganze Hundertschaft und eine Anti-Terror Einheit um das Haus verteilt.

Um sich noch interessanter zu machen, meinte Jela jetzt, dass sie auf die Toilette müsste, wofür sie von Bob nur ein Kissen an den Kopf bekam. Die schöne Frisur war zum Teufel, aber Jela verstand die Botschaft und machte weiter:

„So musste die liebe Anne, die ihr Arrangement mit uns sicherlich schon verfluchte, allein an die Tür gehen, wo Didier sie fragte, ob sie allein sei. Als sie bejahte und öffnete, schob er sie mit der Pistole im Rücken in die Wohnung, wo er mit einem Schlag auf den Kopf begrüßt wurde. Sie identifizierte ihn denn auch im Sitzen, denn ihre Knie wackelten wie Lenas Lieblingspudding. Dann waren alle damit beschäftigt, ihren Vorgesetzten per Telephon den außerordentlichen Erfolg wortreich mitzuteilen."

„So merkten sie nicht, dass sich Didier eine Dienstpistole geschnappt hatte. Gerade noch rechtzeitig wurde er von einem Beamten mit Schüssen in die Beine gestoppt. Didiers Kugel schlug in die Decke ein und Anne fiel in Ohnmacht. So hatte die Ambulanz zwei Kunden."

„Während wir hier also Sex-Ersatz betreiben, geht das brutale Leben der Großstadt weiter und ein armes Geschöpf einer sozial benachteiligten Familie wird gerade von gnadenlosen Schergen des Spätkapitalismus gefoltert. Originalton Arte", meinte Bob und Irina und Jela lachten. Sie kannten Bobs Hass/Liebe zu diesem Fernsehsender.

„Wenn ich schon dabei bin, kommunikative Erfolge feiern zu lassen, will ich auch gleich verkünden, dass ich Mickeys Laptop geknackt und alles auf meine Computer in Divonne heruntergeladen habe. Wir können ihn jetzt der Polizei übergeben."

„Die werden sich freuen. Wo stehen wir mit meiner Entlassung?"

Diese Frage scheuchte die beiden Frauen auf. Jela telephonierte – wie es sich gehörte – mit dem Büro des Prokureurs und Irina mit den zuständigen Ärzten. Als sie wiederkamen, schlief Bob wieder mit einem friedlichen Lächeln. Er träumte gerade wieder einmal von der frechen Mickey, die er getötet hatte. Gar nicht so zärtlich wie sonst, weckte Jela ihren Ehemann auf:

„Na, mit wem hast du es gerade im Traum getrieben, treulose Tomate?" Mit der Routine jahrelanger Verschleierungstaktiken setzte Bob sein Unschuldsgesicht auf: „Oh, es war so angenehm, als Anne mich zu sich einlud."

Jela schaute Irina an: „Falls du jemals in die missliche Situation geraten solltest, mit diesem Typen engere Beziehungen aufzunehmen, hüte dich vor seinen Schauspielkünsten und dem schnellen Mund!" Zu Bob gewandt, teilte sie ihm mit, dass er am Freitag früh mit einer Ambulanz zu einem anderen Krankenhaus gebracht werden würde, von dem man ihn zum Flughafen Le Bourget fahren würde, wo beide Frauen auf ihn warten würden.

So erfuhr Bob, dass er stolzer Besitzer eines Tickets für einen Privatjet war, der ihn mit drei Frauen nach Genf fliegen würde. Jela hatte nicht nur entschieden, ein Flugzeug zu mieten, sondern auch dass Anne sie begleiten würde, da ihr Paris für sie zu gefährlich erschien. Man würde sie sicherlich als Verräterin betrachten.

Mit den Polizeidiensten hatte sie eine regelmäßige Skype-Session vereinbart, um die Ergebnisse des Verhörs von Didier zu erfahren.

Auf diese Weise konnten sie das Risikoniveau für den Klan bestimmen.

Es war nicht das erste Mal in seinem Leben, dass Bob stolz auf seine Frau war, und er vergaß Mickey für einen ganzen Tag.

Szene 2: Business Analyse

Endlich wieder bei sich im friedlichen Divonne mit der leicht sterilen Schweizer Atmosphäre angekommen, wurde Bob schnell von seinem Klan in die Realität des Alltages zurückgeholt. Sein Kopf war allerdings sehr oft in Paris, von wo er Nachrichten der Polizei und der Erpresser erwartete. Von Jela war nicht viel zu sehen. Sie steckte in Mickeys PC-Daten, und Irina war zu ihrer Arbeit in der Praxis zurückgekehrt.

Am Samstag früh hatte er jedes der sechs Kinder und seine Frauen ausgiebig geknuddelt, als sein Liebling, Lena, angerannt kam. Sie konnte sich nie langsam bewegen, selbst jetzt im ‚gesetzten' Alter von acht Jahren schoss sie immer mit Höchstgeschwindigkeit durch die beiden Häuser, den Verbindungstrakt und den Garten. Dieses Mal gab es etwas Weltbewegendes:

„Daddy-Chéri, du musst nachschauen. Jemand hat die Alpen geklaut!"

Sie nahm ihren Vater bestimmend bei der Hand und zog ihn in ihr Zimmer, von dem man normalerweise die Alpenkette von Annecy bis ins Berner Oberland bewundern konnte. Heute aber war da…nichts zu sehen, nur ein gelblicher Schleier. Bob suchte nach allen seinen Schauspielkünste und fiel auf Lenas Bett, die Hände vor dem Gesicht.

„Oh, mein Gott! Wie konnte das nur geschehen? Ich muss gleich im Rathaus anrufen."

Jela und Sandrine spielten bei diesem Theater mit, bis es selbst Lena zu viel wurde. Das entsetzliche Verschwinden der Alpenkette versetzte den Horner Klan in Aufregung.

Verwirrt ging Lena, Ahmed zu fragen und dieser setzte ihr das Thema auseinander. „Die haben dich verarscht“, meinte er ganz sachlich im Jargon der Halbstarken. Als Lena wieder zu den Erwachsenen kam, gab es eine ordentliche Überraschung: Lena sagte gar nichts. Das machte nicht nur Bob misstrauisch, aber Lena rückte nichts heraus und verschwand wieder. Vor dem Mittagessen lüftete sich denn auch das Geheimnis. Als schon fast alle versammelt waren, öffnete sich die Tür des Esszimmers und Ahmed erschien mit einem Karton, auf dem stand: „À bas…(Nieder mit den…“ und dann kam Jaim ein wenig verlegen herein. Er fand den Auftritt wohl ein wenig übertrieben, hielt aber tapfer seinen Karton hoch, auf dem stand „… les adults (den Erwachsenen)…“ und dann erfolgte der Auftritt von Lena, wie immer, wenn sie protestierte in Jelas Schuhen und einer völlig unpassenden Strumpfhose. Auf ihrem Karton las man „… menteurs (Lügner).“

Um das Mittagessen, eine von Shida mit viel Liebe vorbereitete Tangine, zu retten, sprang Lise auf, schaute Bob an, der mit dem Kopf nickte, und entschuldigte sich bei den Kindern:

„Ihr Lieben, als Sprecher des Familienrates entschuldige ich mich bei Lena und euch allen dafür, dass wir Lena und euch nicht ernst genommen haben heute Morgen. Wir, vor allem aber Bobby versprechen euch, in der Zukunft auf Fragen vernünftige Antworten zu geben.“

„Wir machen das, auch wenn sie manchmal schwierig sind. Ihr müsst uns das dann aber auch sagen, bitte, wollt ihr das machen?"

„Very exciting", flötete Amélie, die nichts verstanden hatte, und die anderen stimmten einer nach dem anderen zu. Die drei weiteren Erwachsenen wiederholten Lises Versprechen und der soziale Frieden war wiederhergestellt.

Am Sonntag früh war denn auch das Wetter so schön, dass Lise beim Frühstück befahl: „Alles fertigmachen zum Spaziergang am Genfer See in Lausanne". Auch Shida und Tochter Malika, etwa zwanzig Jahre alt, waren eingeladen. Bob quetschte diese aus, um zu erfahren, was sie machte und erfuhr, dass sie gerade eine Lehre in einer Software-Firma in der Schweiz abgeschlossen hätte und jetzt auf Arbeitssuche sei.

Auf der Seepromenade hatten es die Kleinen mit ihren Rollern eilig, zum Spielplatz im Park zu kommen, während die großen Kinder und die Erwachsenen den herrlichen Blick hinüber in die Alpen genossen. Als dann auch noch eine grosse Segelyacht vor der Sonne aus dem Osten vorbeiglitt, war es für Bob klar: Er hatte dringend einen Segelschein für den Genfer See zu machen. Erinnerungen an seine Zeit in Miami kamen hoch: dort war er fast jedes Wochenende mit seinen Kumpeln beim Segeln draußen auf dem Meer gewesen.

Das ganze Unternehmen stellte sich bei der Schweizer Gründlichkeit allerdings als schwieriger heraus, als er dachte. Er musste an einem umfangreichen Unterricht teilnehmen.

Zusätzlich zu einem praktischen Test gab es auch eine schriftliche Prüfung, die für einen Ausländer mit all den speziellen Begriffen nicht gerade einfach war. Auch Übungen auf einem Boot waren eingeschlossen, was sich für seine Schulter aber als eine positive Angelegenheit erwies. Ansonsten hatte er mehr Ärger als erwartet. Die Muskulatur der Schulter hatte doch enorm gelitten.

Vor der endgültigen Prüfung machte Bob mithilfe einiger kleiner Spenden dann ab und zu kleine Touren mit gemieteten Booten, zu denen er manchmal Ahmed oder Irina mitnahm. Die beiden stellten sich ganz brauchbar an und gemeinsam lernten sie das Vokabular der Segelfans.

Bei einer dieser Fahrten erfuhr er dann von Irina, dass sie sich an der Uni in Lyon eingeschrieben hätte, ‚dort, wo auch Lise studiert hat`.

„Ich fange im Herbst an und will in drei Semestern fertig sein. Allerdings muss ich einige Aufnahmeprüfungen machen, da man den lettischen Prüfungsbescheinigungen nicht traut." Bob war wirklich froh darüber und gratulierte zu der Entscheidung. Er wollte, dass seine weißhäutige Schöne unabhängig von Lises Praxis war.

Für den Abend hatte sich Jela angemeldet. Erst im Bett rückte sie mit der Wahrheit heraus:

„Seitdem wir aus Paris zurück sind, schlafe ich schlecht. Ich träume immer wieder, dass ich auf dem Sonntagsmarkt unten in Divonne von Frauen und Männern angepöbelt werde, ob ich nicht mit ihnen das Gleiche machen wollte wie mit Anne."

Bob war erbost, zeigte aber vor seiner Jela nichts. Es machte ihn wahnsinnig, dass seine sowieso schon so geschwächte Frau so gefoltert wurde. Am nächsten Tag telephonierte er deshalb mit dem Quai d´Orsay um seine Bereitschaft zur aktiven Mithilfe bei der Lösung des Falles anzubieten. Dutoit war verständnisvoll:

„Aber normalerweise mögen wir es nicht, wenn Amateure sich in unsere Untersuchungen einmischen. Auf jeden Fall gebe ich ihr Angebot weiter. Da ihre Frau hier einen grossen Eindruck gemacht hat, wird vielleicht doch etwas möglich sein. Obendrein haben sie uns ja schon geholfen, Didier dingfest zu machen."

Aus Fairnessgründen teilte Bob den Erwachsenen sein Angebot mit, was viel Besorgnis hervorrief. Aber auch Jela hatte Neuigkeiten: „In Mickeys Daten habe ich nur viele Aufnahmen von Photomodellen und einiger älterer Personen entdeckt."

Danach versuchte Bob sich auf sein Geschäft und die Familie zu konzentrieren. Mit der vielen Übung, die er hatte, schaffte er das auch ganz gut: Gespräch mit Australien und Frankfurt wegen des Patents, Abstimmung mit Lise und Irina wegen der reduzierten Präsenz der Letzteren in der Praxis nach den Ferien, Einigung auf die Einstellung zusätzlichen Personals, Liebesschwüre an Lena, als diese aus der Schule kam, Ratschläge für Sandrine bezüglich einiger wenig performanten Kollegen in der Schule und Hilfe in der Küche, um Shida über die Zukunftspläne ihrer Tochter zu befragen.

Er dachte daran, dass Malika vielleicht in der Praxis und der Verwaltung des Anliegens helfen könne. Sie schien aber nicht besonders begeistert zu sein. Wollte sie ihre Tochter von dem ungläubigen Weiberhelden fernhalten?

Dennoch fiel ihm der Übergang vom aktiven Engagement in Paris zur mehr theoretischen Analyse der Cyber-Erpressung schwer. Wie passte da Mickeys Photosammlung hinein? Waren es nicht eigentlich zwei Kategorien von Aufnahmen? Als er in Gex Latour den ‚von Irina vergessenen Laptop' abgab, schaute dieser ihn ein wenig merkwürdig an, sagte aber nichts. In der Aufregung konnte man das schon mal vergessen!

Als Berater war es Bob klar, er brauchte ein abstraktes Grundmodell des verbrecherischen Vorgehens von Martha – sofern sie hinter allem steckte. Die Worte von Dutoit klangen ihm noch in den Ohren: „Das Besondere an diesen neuen Formen der Kriminalität ist ihre ‚softe' Art, niemand kommt körperlich zu Schaden."

Obwohl dieser Satz mit seiner und Didiers Verletzung zumindest teilweise widerlegt worden war, musste er dieses Neuartige genauer definieren. Zum Beispiel war es auffällig, dass diese Leute sich zeitlich nicht unter Druck setzen ließen, eher cool wie Programmierer analysierten und so Fehler weitgehend vermieden. Sie hatten es eher mit dem Verhalten von Buchhaltern oder Bankern zu tun: Sauberes Daten-Management statt Wilder Westen. Bob begann eines Vormittags, seine üblichen Mindmaps auf seinem Flipchart zu malen, um Ordnung in seine Gedanken zu bekommen, und hielt das Verhaltensmuster fest.

Den nächsten Zweig darin benannte er Business Modell und im Vergleich zum Verhaltenszweig fiel ihm sofort auf, dass man es im Cyber Crime mit einer deutlichen Minimierung des Risikos zu tun hat. Anonymität der Intervenierenden ist hier der beste Schutz, Befehle gibt man durch das Internet, Identitäten werden nicht bekannt gemacht und persönliche Kontakte auf ein Minimum reduziert. Selbst die Bezahlungen konnten über Drittkonten ohne persönlichen Kontakt laufen. Plötzlich flog Bobs Stift nur so auf dem Papier.

Er begann mit dem Auflisten der notwendigen Dateien für die Erpresser und holte Jela hinzu zu seiner Arbeit. Sie sah sofort, worum es ging:

Persönliche Daten der Opfer, wichtig: Schwachstellen-Analyse und Prüfung des Materials für risikoarme Kontakte; gutes Photomaterial, für den Zugriff auf die Smartphones und gegebenenfalls auf die PCs braucht man erfahrene Hacker;

Soweit vorhanden, persönliche Daten, Photos etc der Akteure wie der Verführerinnen für Firmenchefs auf Dienstreisen; bei Mehrfacheinsatz, Historie zB wegen Prämienhöhe;

Video-Services, auf den diskriminierendes Material abgelegt werden kann, ohne dass der Ursprung sichtbar wird; hilft bei der Erstansprache: „Schauen Sie doch mal bei XXl-Service unter dem Kennwort PPP nach, da sind Sie doch gut zu erkennen, oder? So werden ahnungslose Webseiten zu einem Medium der Erpressung. Ein Löschen von den Betroffenen aus ist meist unmöglich und die Service Provider sind ahnungslos.

Jetzt kam ihnen Jelas Erfahrung mit dem Aufbau und dem Zugriff auf verschiedene Dateien im Internet sehr zu statten. Das war das erste Mal in ihrem professionellen Leben, dass sie mit ihrem Mann zusammenarbeiten konnte. Aufgekratzt teilte sie ihm dies auch mit: „Lass uns die Nacht durcharbeiten, bitte, Darling. Übrigens identifizieren wir gerade auch die beruflichen Profile der Leute. Wenn wir fertig sind könnte ich vielleicht eine Filiale deiner Beratungsfirma aufbauen: ‚Extortion & Co GmbH`." Wenn auch aus unterschiedlichen Gründen waren beide in der besten Laune, die sich bis weit in den Nachmittag fortsetzte. Sie vergaßen sogar ihre Siesta, während sie an ihrer Sammlung weitermachten:

Übersicht über die wenigen Personen, zu denen ein persönlicher Kontakt nötig ist, wie zum Beispiel diejenigen, welche eventuell beim Besorgen des indiskreten Materials oder beim Druckmachen säumiger Zahler helfen; gleichzeitige Rolle: Führung im Einsatz; Beispiel: Didier;

Je nachdem, wie raffiniert die Bezahlung des erpressten Geldes versteckt werden sollte, brauchte man ein kleines System mit nicht kontrollierbaren Ausweichbanken in Staaten wie Georgien oder Usbekistan; hierzu brauchte man Buchhalter und Programmierer; eine wichtige Regel in diesem Bereich war, dass der Fiskus nichts merken durfte, bei den Erpressern genauso wie bei den Erpressten.

Völlig erschöpft hörten die beiden erst auf, als es fast Mitternacht war. Sie blieb bei ihm, und er hatte schon Angst, dass sie ihn um sechs Uhr zum Weitermachen aufwecken würde. „Wir müssen noch besser verstehen, warum Mickey alle diese Aufnahmen gespeichert hat."

Da Bob vormittags ins Büro nach Genf musste, machte Jela ohne ihn weiter. Sie war besessen von der Idee, auf dem Papier einen perfekten Erpressungskonzern aufzubauen und schrieb alles bisher Erarbeitete wie für eine Doktorarbeit auf. Wie früher liefen ihre grauen Zellen auf Hochtouren und nach dem Mittagessen präsentierte sie ihrem Mann ganz stolz, was sie sonst noch alles herausgefunden hatte.

Ihr Image als Super-IT-Fachfrau am Quai d`Orsay nutzend, hatte Jela sich von Dutoit jetzt auch offiziell den ganzen Inhalt von Mickcys PC heruntergeladen. Scheinheilig bedankte sie sich für die tolle Leistung der Polizei beim Knacken des Zugangscodes.

Sie konzentrierte sich zunächst auf die Photos und entwickelte einige Hypothesen, wie die, dass die hübschen jungen Frauen wohl Mickeys Konkurrentinnen für die Castings und möglicherweise auch für die Inszenierung von erpressbaren Szenen waren. Die meist älteren Männer waren möglicherweise potentielle Opfer. In beiden Fällen hatte sie aber das Problem, nicht zu wissen, wie Mickey an diese Photos herangekommen war. Die Organisation würde sie sicherlich nicht so freigiebig verteilen.

Aus diesen Sachverhalten schloss Jela, dass Mickey ihre Reize wohl auf einen derjenigen angesetzt hatte, der ein gewisses Segment an Kunden aussuchen und ‚betreuen` musste wie höchstwahrscheinlich Didier.

- Segment Manager: Verantwortlich für die Selektionierung von passenden Opfern auf der Basis von Material, mit dem risikolos Druck gemacht werden konnte; Führungsoffizier für die ‚Schauspieler‘, die die gewünschten Szenen spielen und gegebenenfalls aufnehmen würden; eventuell auch Didier;

- Video-Spezialisten: zuständig für ‚saubere Aufnahmen‘ inkriminierender Szenen, entweder durch Training der Akteure oder den Einsatz von mehr oder minder professionellen Kameramännern oder –frauen, die zum Beispiel von der Ferne Aufnahmen machen konnten, dieses könnte zumindest teilweise an nicht eingeweihte Dritte outgesourced werden;

Am Nachmittag erstattete Jela stolz ihren Bericht an ihren Mann, der nicht schlecht staunte. Ihre Ergebnisse bezüglich der Photos von Mickey erschienen ihm ausgesprochen schlüssig, und er erinnerte sich an den Telephonanruf, als er bei Mickey gewesen war.

„Nun müssen wir nur noch entscheiden, ob und wie wir Dutoit informieren. Wollen wir zum Beispiel, dass sie Mickeys Kolleginnen ausquetschen, oder einige Geschäftsleute darauf hinweisen, dass sie gerade einer Erpressung entgangen sind?“

„Das mit der Information ist einfach“, sagte Jela voller Energie, „Ich beende morgen meinen Design einer Internet-basierten Erpressungsfirma. Kann man so etwas patentieren lassen?“

„Typisch Amerikanerin“, schmunzelte Bob, „Immer hinter dem Geld hinterher. Come to think of it: Wir müssen noch ein finanzielles Geschäftsmodell für deine Firma machen.“

In den Nachrichten hörten die Beiden dann etwas, was sie enorm bestätigte: Die deutsche Regierung hatte beschlossen, ein Anti-Hacker Büro einzurichten. Von 13 500 Mitarbeitern war die Rede. „Wenn die etwas ankündigen, machen die das auch und die große Anzahl der Mitarbeiter weist auf die Dimension der wahrgenommenen Bedrohung hin.“, meinte Jela.

Szene 3: Tage der Ungewissheit

Als Bob Dutoit und Latour über die Dringlichkeit der Information an die potentiellen Erpressungsopfer informierte, reagierten die ungewöhnlich schnell. Sie baten Jela, alle Photos an ihre Anti-Hacker-Gruppe zu senden, die von potentiellen Opfern waren. Alle vier und der Büroleiter diskutieren in einer Tele-Konferenz den Text des E-Mails, mit dem die Reichen über ihren Hauptgewinn in Kenntnis gesetzt wurden.

Nach einem Tag mit absoluter Ruhe, den Lise verordnet hatte (‚Und keinerlei Siesta-Spiele mit nahezu minderjährigen Damen'), war Bob wieder in Form: Scherzhaft schlug er vor:

„Sollten sie in den letzten Wochen eine Zahlungsaufforderung in beachtlicher Höhe erhalten haben, und Sie wissen nicht weshalb, sollten sie sich freuen; das belastende Material liegt bei Ihrem Freund und Helfer, der es im gegeben Fall an die zuständigen Finanzbehörden weiterleiten wird. Sollte es sich um mehr sentimentale Einzelheiten handeln, sollten sie in Zukunft vorsichtiger bei der Auswahl Ihrer Partner sein. Sollten Sie bereit sein, die betroffenen Personen aus dem Verkehr ziehen zu lassen, wenden Sie sich vertraulich an die Inspektoren …". Das allgemeine Gelächter wurde von Dutoit unterbrochen:

„Gar nicht schlecht als Einstieg! Vielleicht sollten wir noch eine Liste der üblichen Strafen in den unterschiedlichen Situationen anfügen." Bob war verblüfft: Ein Polizist mit Humor! Trotzdem musste er sein persönliches Anliegen durchbringen:

„Es ist ja alles schön und gut, bloß steht meine Frau immer noch im Regen. Vielleicht fällt Ihnen aber etwas Konstruktives ein." Hierzu konnte sich die Polizei aber natürlich nicht festlegen. Alles hing davon ab, ab Martha schon etwas in Gang gesetzt hatte in Jelas Angelegenheit. Wie man wusste, waren sie ja ausgesprochen langsam mit ihrem Vorgehen.

Irina fuhr Bob hoch in das Jura Gebirge und nahm auf seinen Wunsch an der Besprechung mit der Polizei teil. Bei dem Treffen in Gex waren neben dem Bob schon bekannten lokalen Inspektor Latour noch zwei weitere Polizeioffiziere anwesend. Einer war von der Gendarmerie und einer von einer Spezialeinheit, der die Abkürzung so schnell aussprach, dass Bob sich später nicht erinnern konnte. Zunächst stellte es sich als Problem heraus, dass die Horners Anne bei sich untergebracht hatten. Die Offiziere wollten den zusätzlichen Überwachungsaufwand wohl gern nach Paris zurückgeben.

Das passte Bob gut in den Kram. Ironisch gratulierte er den Anwesenden dafür, dass sie es geschafft hätten, gemeinsam in einem Raum zusammenzutreffen, um über die Kostenverteilung einer Objektbewachung zu streiten. Latour kannte ihn bereits und grinste nur. Die beiden anderen waren es offensichtlich nicht gewöhnt, von einem Zivilisten angemacht zu werden und holten tief Luft. Bob kam ihnen zuvor und meinte nur ganz kalt, da seine Familie das Ziel einer Erpressung sei, und da sich sonst nicht viel Bewegung zeige, würde er die Moderation des Gesprächs übernehmen.

„Meine kranke Frau wird bedroht und man will mehrere Millionen Euro von uns erpressen!" Bob war außer sich vor Ärger."

Außer einem hoch-interessanten Vortrag über neue Formen der Cyber Kriminalität in Paris und der von uns initiierten Festnahme von Didier haben wir keinerlei Fortschritt in dieser Sache feststellen können. Wir wissen nicht einmal, ob unsere Kontakte in Paris abgehört werden oder ob immer noch nicht geklärt ist, wer was machen soll. Wie mehrfach mitgeteilt, sind wir wie im Fall Didier gern bereit, selber in die Arena zu gehen, um den Fuchs anzulocken."

Die beiden Polizeibosse schauten ihn nur mit halb-offenem Mund an. „Erwartungsgemäß ist da aber auch noch nichts geschehen. Da ich nicht vorhabe, etwas an die Gangster zu zahlen, was sie ja sogar unterstützen, ist meine Frau jetzt in Gefahr, eines Tages ihre Sex-Szenen auf YouTube ansehen zu können. Es wird also eilig."

Latour machte ihn auf den Fokus der Polizei auf die akute Terrorgefahr aufmerksam, musste allerdings zugeben, dass das nicht zu einer Einstellung anderer Aktivitäten führen dürfte. Die beiden anderen versprachen verdaddert, mit ihren Vorgesetzten zu telephonieren.

Es war Irina, die eine Idee hatte, die sie alle wieder in Bewegung setzte. Sie erzählte noch einmal ausführlich, was sie in Marthas Wohnung gesehen hatte, als sie `versehentlich` die falsche Tür genommen hatte und in einem Büro unter einem Glasdach mit wenigstens zwanzig Programmiertischen gelandet war. Sie beschrieb die verschiedenen Bildschirme und den Kabelwust, der sich durch den ganzen Raum zog. Sie erinnerte sich auch an einen riesigen Bildschirm an einer Seite des Büros und eine ebenso große Leinwand zum Projizieren auf der anderen.

„In Abwesenheit anderer Hinweise und bei dem Schweigen von Didier schlage ich vor, das Büro von Martha zu durchsuchen, was im Rahmen der Notverordnungen der Regierung doch leicht möglich sein müsste. Geben Sie mir doch bis Mitte nächster Woche Bescheid, sonst statte ich selber Martha einen Besuch ab."

Mit einem deutlich gemurmeltem „Muss man sich sowas von amoralischen Reichen bieten lassen", rauschten die bciden Offiziere ab. Latour hatte wohl Irinas Rolle im Horner Haushalt erklärt.

Einige Tage später bat Latour Bob zu sich: „Wir haben ein Problem in Paris. Da die Notverordnung politisch angegriffen wird, will der Quai d`Orsay jetzt keine Durchsuchung dieser Größenordnung durchführen. Es arbeiten dort ja wenigstens dreißig Leute. Ohne neue Indizien sind wir aber eingeklemmt."

Schon einen Tag später erschien Bob unangemeldet wieder bei Latour, diesmal mit einer Frau offensichtlich nord-afrikanischer Abstammung. Als er abends von der Besprechung in Gex erzählt hatte, hatte er unter anderem gesagt, dass er selbst zu Martha gehen würde, die ihn aber nicht hereinlassen würde. Gleiches gelte auch für Irina.

Man brauche jemand Drittes, am besten mit einer neutralen Geschichte. Die Erwachsenen des Klans schieden jedenfalls aus, da Martha sicherlich Photos von ihnen hatte, sofern sie wirklich hinter der Geschichte steckte. Shida hatte daraufhin reagiert und versprochen, mit ihrer Tochter zu sprechen.

Als guter Psychologe bat Bob Latour, sie auf einen Besuch in dem Reisebüro in Paris vorzubereiten, was der denn auch gern machte. So konnte er das Gefühl der Untätigkeit der Polizei überdecken. Er gab eine Menge Verhaltensregeln an beide und sogar seine private Telephonnummer, damit er nicht mit einem simplen Rückruf enttarnt werden könne. Sobald er die Interventionszeit der beiden kennen würde, gäbe er diese Tatsache auch an seinen Freund Dutoit in Paris durch, damit es dort keine Überraschung geben würde, falls ein Eingreifen nötig sei.

Schlussakt: Ende gut, alles gut!

Szene 1: Der Großeinsatz

Szene 2: Suche nach Beweisen

Szene 3: Allgemeine Erleichterung

Szene 4: Die Uno-Konferenz

Szene 1: Der Großeinsatz

Bevor sie die Anschrift der guten Frau erreichten, warnte Bob Malika noch einmal eindringlich:

„Es ist absolut notwendig, dass du dich genauso verhältst, wie abgesprochen. Jede Abweichung vom geplanten Ansatz kann für dich gefährlich sein, wenn Martha wirklich die Gesuchte ist. Die Leute sind an der Forefront der Technologie tätig. Wir können also davon ausgehen, dass du ständig im Bereich von Kameras und Mikrophonen bist. Aus diesem Grunde gehe ich auch nicht bis zur Eingangstür mit. Aber deshalb solltest du auch nur die vereinbarte Nummer anrufen, wenn sie dich etwas von der geplanten Linie Abweichendes machen lassen. Auf keinen Fall rufst du deine Mutter, jemanden im Klan und schon gar nicht mich an."

Er legte nach: „Ich hoffe, wir sollten eher zu vorsichtig sein als zu wenig. Denke an meine Wunde! Sie zeigt, wie aggressiv diese Leute werden können."

Und schon stand die schlanke junge Frau vor der Tür, sprach mehrfach in das Mikrophon dort und drücke dann die Tür auf. Das Abendteuer begann! Während er wartete, machte Bob sich Vorwürfe. Er mochte die junge Frau gern, mit der er im Zug genügend Zeit hatte, mit ihr zu reden und sie sich anzusehen. Er hatte erfahren, dass beide Eltern keine Araber, sondern Berber aus dem Atlasgebirge waren, dass sie eine Grundausbildung als Programmiererin hinter sich hatte und jetzt auf Arbeitssuche war.

Mit Jeans, Kopfhörern und einem umgekehrt aufgesetzten Käppi hatte sie sich auf ihren Auftritt auch äußerlich vorbereitet. Man hätte meinen können, sie sei gerade aus der Pubertät heraus-gekommen.

Um die Zeit zu nutzen, ging Bob auf der Straße bis zur nächsten Ecke und bog dann ab, um nachzusehen, ob es eventuell einen rückwärtigen Eingang zu Marthas Büros geben könnte. Als er genau den gefunden hatte, klingelte sein Telephon. Er ging in den offenen Hof hinein und telephonierte zwischen den geparkten Autos, während er den Büroblock beobachtete. Er tastete nach seiner Pistole. Sie war da!

Latour rief ihn an und gab ihm wörtlich durch, was Malika ihrem `lieben Vater` hinsichtlich ihrer Bewerbung durchgegeben hatte:

„Es läuft hier ganz prima. Eine Frau Mitte vierzig und ein Programmierfreak haben mich ausgequetscht. Jetzt warte ich in einem Besprechungszimmer unter dem Glasdach, dass sie sich meine Identitätskarte ansehen. Du weißt, das kann ein wenig dauern."

Es war offensichtlich: Wenn es den Spezialisten von Martha gelingen sollte, aus Malikas persönlichen Daten eine Verbindung zu den Horners herzustellen, war sie in höchster Gefahr. Wie immer, wenn er unter Druck geriet, sackte Bobs Blutdruck ab. Ganz ruhig rief er Malikas Mutter an und fragte, ob sie in der letzten Stunde Kontakt mit ihrer Tochter gehabt hatte.

Als sie verneinte, befahl er ihr in der nächsten Zeit keinen Anruf anzunehmen. Er musste jetzt schnell etwas finden, um den Polizeieinsatz zu starten. Aber was?

Schließlich rief er Latour zurück: „Ich bin mir nicht sicher. Bisher habe ich keine Verbindung zwischen den Erpressern und dem Terrorismus gesehen, aber wenn ich an die Menge der Autos denke, die auf der Rückseite des Gebäudes von Martha parken, beginne ich mir Fragen zu stellen."

Bevor Latour reagieren konnte, setzte er seine Beschreibung fort: „Viele von ihnen sind belgische Mietwagen und diese typischen Kastenwagen, die nirgendwo auffallen." Als das noch keine Reaktion hervorrief, fügte er hinzu: „Wenn ihre Kollegen nicht bald kommen, gehe ich rein und starte einen Zirkus! Und schicken sie nicht nur drei Fußkranke! Hier arbeiten wenigstens hundert Leute."

Dann rief Dutoit an und warnte ihn, nichts auf eigene Faust zu unternehmen. Er würde alles dransetzen, etwas in Gang zu setzen. In der Hoffnung, dass sich jetzt etwas bewegen würde, ging Bob zurück in die Straße und fand einen `Tabac`-Laden schräg gegenüber der der Einfahrt. Er ließ sich die Regeln der Wetten erklären, die man mit einem Formular macht, auf dem Zahlen freigekratzt werden müssen, während er die Straße beobachtete. Lange Zeit geschah gar nichts. Dann, endlich, parkte ein Kastenwagen genau vor der Einfahrt. „Jetzt geht es los!" freute sich Bob, aber das einzige was sich bewegte, war der Wagen, der wieder verschwand. Dann aber fuhren zwei unauffällige, graue Kastenwagen vor, und links und rechts von der Einfahrt wurden Absperrungen aufgestellt.

Ab jetzt hatte Bob das Gefühl, die Realität würde in Zeitlupe ablaufen. Er zog seine Pistole und lud sie durch. Die Frau hinter dem Tresen schrie auf, und er schickte sie mit der Bemerkung, dass er von der Polizei sei, in den Hinterraum. Endlich schob sich ein Dutzend Polizisten mit Plastikschildern vor sich in den Durchgang gegenüber. Bob hatte den Eindruck, als wenn die Hintersten ihre Vordermänner schieben mussten und konnte sich ein müdes Lächeln nicht verkneifen. Nach einer langen Pause knallte es plötzlich sehr laut, und dann war da wieder nichts. Keiner kam heraus oder ging hinein. Es war zum Verrücktwerden!

Sein Telephon klingelte. Dutoit fragte ihn, was er sehen würde. „Nichts, gar nichts! Eine Gruppe ist im Hof, aber ich kann nichts sehen. Es hat einmal sehr laut geknallt. Ich gehe jetzt rein."

Er kam nur bis zum Eingang der Durchfahrt, als er gestoppt wurde. Offensichtlich waren doch noch ein paar mehr Polizisten im Einsatz. Ziemlich roh zogen sie ihn weg und fragten ihn, wo seine Kamera sei. Als er keine Antwort zu geben wusste, ließen sie ihn einfach stehen und er konnte aus den Gesprächsfetzen der Walki-Talkis viel verstehen.

Es war offensichtlich, dass auch von der anderen Straße her ein Trupp vorging und bereits die Rezeption und den Kellerzugang besetzt hatte. Die Gruppe von seiner Seite hatte den Fahrstuhl im Bürohaus ausgeschaltet und war auf dem Weg in den ersten Stock. Selbst durch das Telephon konnte Bob einige wenige Schüsse und ein nachfolgendes Geschrei hören.

Die Polizisten auf der Straße forderten die Bewohner des Hauses auf, sich einzeln aus der Gefahrenzone zu begeben. Die Pause danach schien Stunden zu dauern. Einer der Reporter gab auf: „Wieder mal viel Lärm um nichts!“ und drückte Bob seine Jacke in die Hand, auf der in großen Buchstaben ‚Presse‘ stand.

Plötzlich öffnete sich ein Hauseingang im Durchgang und eine nicht enden wollende Menge von Leuten, darunter auch viele kleine Kinder, strömte heraus. Sie hatten die Hände über dem Kopf gefaltet. Die Polizei wurde förmlich überrannt und interviewte nur die ersten Herauskommenden. Bob glaubte sich zu erinnern: Als er im Hinterhof telephoniert hatte, meinte er eine Verbindung auf der Höhe der zweiten Etage zwischen dem Wohnhaus an der Straße und dem Bürotrakt im Inneren gesehen zu haben. Verließen jetzt die Angestellten von Martha die Büros durch das Haus vor ihm?

Bob legte die Presse-Weste an und drückte sich gegen den Strom der Fliehenden die Treppe im Vorderhaus hinauf. Im zweiten Stock kam ihm kaum noch jemand entgegen und durch eine Küche erreichte er einen Büroraum mit kleineren Büros auf der einen Seite. Alles war leer.

So drehte er um und rannte das Treppenhaus zum dritten Stock hoch. Als er die Tür öffnete, schlugen einige Schüsse neben ihm ein. Er zog seine Pistole, als er Malikas Stimme hörte, die in einem Glaskasten saß, der sich als verschlossen herausstellte. Das arme Mädchen schrie nur immer wieder: „Hol mich raus, Bobby, bitte lass mich nicht hier!“

Da er das Gefühl hatte, schnell aus dieser Etage verschwinden zu müssen, zerschoss er den oberen Teil der Glastür und zog das schluchzende Mädchen heraus. Sie zitterte am ganzen Körper, aber zu beruhigendem Streicheln war jetzt keine Zeit. Er nahm sie bei der Hand und rannte mit ihr in den zweiten Stock hinunter, wo sich weiterhin nichts rührte.

„Folge mir und unten legst du die Hände über dem Kopf zusammen, so wie ich es machen werde, ok?“

So befand er sich plötzlich hinter der Polizeiabsperrung mit dem Häufchen Elend Malika im Arm. Die Presse-Weste hatte er noch im Treppenhaus weggeworfen.

„Jetzt hast du einen super Couscous verdient, mein kleiner Schatz. Vielen Dank für Deine Hilfe“, und zum ersten Mal zeigte sich ein schüchternes Lächeln im hübschen Gesicht der jungen Frau: „Ich sollte dir verraten, dass ich die Nase voll habe arabischen Gerichten“, meinte sie recht kühn, „ich wünsche mir eine richtig schwere Terrine als Entrée und einen Coq-au-Vin als Hauptgang, mit Champagner natürlich.“

„Wenn es sonst nichts ist, kommt uns die Gefangennahme von Martha nicht besonders teuer!“ meinte Bob, hielt aber inne. Hatte die Polizei Martha erwischt? Waren sie dabei, die Computer zu sichern, oder würden sie dabei im gleichen Stil arbeiten, wie bei der Festnahme der Mitarbeiter, die sich in alle Winde verstreut hatten?

Auf jeden Fall musste er jetzt seinen beiden Kontakten mitteilen, dass er Malika befreit hatte.

Die beiden waren natürlich erfreut darüber, fanden es aber gar nicht lustig, dass sie beide wie die Masse der Mitarbeiter verschwunden waren, ohne von der Polizei aufgehalten zu werden. Wenigsten erfuhr Bob, dass Martha festgenommen worden war und dass nur zwei Personen sich der Festnahme widersetzt hatten.

„Natürlich sind sie jetzt tot“, meinte Bob sarkastisch, aber es wurde ihm widersprochen. „Wir haben so gut wie keinen Waffeneinsatz zu vermelden. Nur in einem Konferenzraum gab es wohl einige Schüsse. Wir haben es immerhin mit über zwanzig Festgenommen zu tun.“ „Gratuliere“, meinte Bob „und mit über hundert Flüchtigen. Wo findet die Einsatznachbesprechung statt?“

Bob brachte Malika im Taxi zur Einkaufsecke an der Oper, gab ihr drei ganz große Scheine und befahl ihr, sich schick zu machen. Er würde sie bald im Meurice zu dem schicksten Abendessen ihres Lebens abholen. Aber dafür müsste sie die Jeans und das Käppi austauschen.

„Schick“, meinte Malika, „endlich bin ich einmal die Shopping Queen“, und wollte ihm die Regeln ihrer Lieblingssendung erklären, wozu er leider keine Geduld hatte.

Der Chef der Gruppe, die sich zur Lagebesprechung eingefunden hatte, wollte Bob zunächst nicht teilnehmen lassen, aber nachdem Dutoit lange auf ihn eingeredet hatte, gab er nach. Es ergab sich sowieso noch nicht viel, außer der Festnahme von Martha, zwei ‚untypischen‘ Mitarbeitern und zirka zwanzig Programmier-Typen.

Sie hatten weder Waffen noch Geldmengen gefunden und die Computer waren zentral ausgeschaltet worden. Allerdings waren zwei Programmierer mit dem Versprechen der Straffreiheit dabei, das System wieder hochzufahren.

„Es wird wohl zwei bis drei Tage dauern, bis wir aussagefähige Daten haben. Wir müssen uns im Klaren sein, dass wir zur Zeit ohne Beweismittel sind, und können die Verhafteten nur noch kurze Zeit festhalten. Wir brauchen entweder Daten über den Transfer großer Beträge oder typisches Erpressungsmaterial wie Sexszenen, Steuerdaten oder ähnliches.“

Szene 2: Suche nach Beweisen

Zurück im Hotel erwartete Bobby eine junge Dame von Welt, die mit dem Teenager aus dem TGV keinerlei Ähnlichkeit zu haben schien. Malika hatte die meiste Zeit wohl in einem Beauty Salon verbracht, wie ihre neue Frisur und ein raffiniertes Make-Up verrieten, aber auch der Hosenanzug hatte es in sich, im wahrsten Sinne des Wortes. „Darfst Du als Moslem so etwas überhaupt tragen?" erlaubte sich Bob zu fragen, hatte aber Glück, dass sie ihm nicht die Augen auskratzte.

„Hör mal gut zu, du Ober-Reicher! Die Tatsache, dass meine Eltern dieser Religion angehören, heißt noch lange nicht, dass ich auch jeden Tag fünf Mal nach Osten bete. Ich habe meine eigene Auslegung von Religion, trage Kopftücher nur, um meiner Mutter zu gefallen und schlafe mit wem ich will. Verstanden?"

Aufgrund seiner enormen Erfahrung mit ärgerlichen Frauen, die ihm nahestanden, gab er seiner ′Heldin` einen Kuss auf die Stirn und nahm sie wortlos beim Arm. Das Taxi wartete noch und schon bald waren sie im Goncourt, dem weltbekannten Restaurant, nach dem der berühmte Literaturpreis benannt wird. Bob hatte im großen Raum reserviert, aber Malika war auf `Zicke` geschaltet. Alle Tische gefielen ihr nicht, so dass Bob ein `Chambre Séparée` nehmen musste. Innerlich lachte er. Diese Frau war alles in einem: Kind, Vamp, Zicke und Verführerin. Sie gefiel ihm immer mehr und sie genoss es, allein mit ‚ihrem' Mann von mehreren Obern verwöhnt zu werden.

Im Gegensatz zu Mickey bestellte sie auch nicht nur teure Gänge, sondern nur das, was ihr wirklich gefiel, und das wiederum fand er gut. Er begann, ihre perfekt gewölbte hohe Stirn als Sinnbild weiblicher Schönheit zu empfinden. War er schon wieder dabei, sich zu verlieben? Auf jeden Fall würde sie gut in seinen Harem passen mit ihrer rassigen Figur und der Mannequin-Größe!

Es war schon sehr spät, als Malika ihre exzentrische Rolle beendete und zum ängstlichen Mädchen zurückkehrte, das sichtbar zitterte: „Kann ich heute Nacht und nur heute bei dir auf der Couch schlafen? Ich bin noch so geschockt, dass ich allein Angst haben werde."

So fand sich der erschöpfte Held, dessen Frau in Depressionen versank und dessen drei Geliebte sich um sie beide Sorgen machten, mit einer neuen Frau im Bett. Sie hatte sich bravurös für seine Familie eingesetzt, deshalb musste er sie jetzt beschützen. Aber anrühren würde er sie nie, ob wohl sie wirklich aufreizend war mit ihren ständigen Rollenwechseln. Frühmorgens nahm die Natur dann allerdings ihren Lauf; in seinen Armen hatte Malika nur das erwachende Leben einzuführen und beide taten, als ob sie weiterschlafen würden.

Ein paar Stunden später sagte Malika, nun in der Rolle der Geliebten: „Das war das Beste, was mir jemals widerfahren ist, Chéri! Merci", und küsste ihn auf die Stirn wie er es am Vortag gemacht hatte. „Verflixt nochmal! Noch eine, die glaubt, sie kann mich um den Finger wickeln." Es freute ihn aber, dass Malika ihm alle Belege ihrer Einkäufe und die übriggebliebenen Euros zurückgab.

Nach ausgiebigen Telephongesprächen mit seiner Familie, Shida und Latour entschloss sich Bob nach Divonne zurückzukehren. Nicht nur, dass Shida unbedingt die Unversehrtheit ihrer Tochter überprüfen wollte, die Frauen im Klan wünschten wohl nicht, ihn zu lange der Ausstrahlungskraft der jungen Malika auszusetzen. So kündigte er an, am folgenden Tag den TGV zurück an den Genfer See zu nehmen. Da die nächste Übernachtung sowieso zu bezahlen war, beschloss er, die Zeit zu nutzen und fragte bei Dutoit an, ob er sich in Marthas Büro umsehen könne.

Nach einigem Hin und Her erhielt er grünes Licht für den späten Nachmittag. Da Malika nicht ganz zu Unrecht behauptete, nicht genügend Zeit zum Einkaufen gehabt zu haben, fuhren sie zum Kaufhaus La Fajette, wo er allerdings nach zwei Stunden aufgab. Er gab ihr seine Kreditkarte und fuhr zum Tatort des Vortages, wo er viel zu früh eintraf. Ein Anruf bei Dutoit gab ihm allerdings schon die Möglichkeit, sich bei Martha umzusehen, wo die Spezialisten bereits teilweise ihre Arbeit abgeschlossen hatten.

So legte er einer der Plastikanzüge an, die man zum Vermeiden von Vernichten von Spuren braucht. Selbst die Haare und Schuhe mussten so geschützt werden. Er begann, mit Marthas Schreibtisch, stellte aber schnell fest, dass alles Schriftliche wohl auf dem immer noch ausgeschalteten Computersystem zu finden oder mitgenommen worden war. Außer ein paar Rechnungen gab es nicht viel Post. Das allerdings gab ihm eine Idee und er ging zu den Briefkästen unten in Marthas Haus und im Eingang vom Bürotrakt. Die beiden Boxen waren noch nicht geleert und er fand ein Dutzend Briefe und viel Werbung, die er schnell wegwarf.

Er nahm sich vor, die Post bei der Rückfahrt in aller Ruhe durchzusehen und ging in die abgetrennten Büros im zweiten Stock. Warum hatten hier einige Leute abgetrennte, geschlossene Büros, während alle anderen im Großraum sitzen mussten?

Er nahm hier an einem der Schreibtische Platz und nahm ihn sich genauer vor. Die oberste Schublade war voll mit Stadtplänen der Arrondissements. Darunter befand sich eine Sammlung von sehr unterschiedlichen Sprays, die Bob mangels französischer Sprachkenntnisse nicht identifizieren konnte. Das sah nicht nach Programmierkünsten aus! Dieser Eindruck wurde noch verstärkt, als er Massen an Prospekten von Restaurants und Bistros sowie eine Schublade mit Schlipsen und anklebbaren Bärten fand. Hier musste wohl einer der Männer für härtere Angelegenheiten gesessen haben.

Als er dann eine offene Schließfachtür in der Wand fand, stieß er auch darauf, wie er eine Seitenwand beiseiteschieben konnte. Hier kamen eine Leinwand und ein integrierter Flipchart zum Vorschein. Das war wohl der Ort, wo die Einschüchterungs- oder Disziplinierungsprojekte geplant wurden! Das Schließfach war dann wohl auch ein sicherer Platz für Barmittel, um Agenten wie Mickey zu bestechen, und um Schusswaffen aufzubewahren.

Er rief Dutoit an, der gerade unten in Plastik gehüllt wurde und bat ihn zu sich hoch. Er erklärte, wem er das Büro zuschrieb und was er gefunden hatte. Dutoit identifizierte dann auch die Sprays:

„Blendmittel, Pfeffersprays, Farb- und Betäubungsmittel, gute Arbeit M. Horner. Wollen sie bei uns anfangen?"

Aber die freigelegte Wand faszinierte ihn noch mehr: „Hier können wir mit High Tech vielleicht einiges sichtbar machen!" Er telephonierte mit jemandem und beauftragte ihn, systematisch nach Flipcharts zu suchen. Schon wenig später erhielt er die erste Erfolgsmeldung: „Wir haben mehrere vollgekritzelte Seiten in Papierkörben gefunden und nehmen die leeren Blöcke mit."

Während sie sich noch weitere kleine Büros ansahen, vermeldete Dutoit dann, dass seine Kollegen Zugang zu den Dateien der Firma gefunden hätten, aber erschlagen seien von den Unmassen an Daten. Eine der umfangreichsten Dateien in einer nochmal extra verschlüsselten Cloud enthielten genau das Erwartete: Video-Szenen und Kontendaten, die eindeutig Namen zugeordnet werden konnten. Er strahlte über das ganze Gesicht:

„M. Horner, jetzt kann keiner mehr sagen, wir seien einem hysterischen Amerikaner aufgesessen. Auch persönlich bin jetzt aus der Schusslinie." Dann berichtete er von Martha: Aus ihr hatten sie bisher nichts herausbekommen. Ihr Team von Anwälten beschäftige die Polizei mit Beschwerden über die Konditionen ihrer Unterbringung und die Häufigkeit der zugestandenen Besuche ihrer Rechtsvertreter.

Abends hatte Bob dann zwei ganz andere Probleme. Malika spielte die Nummer der schuldigen Ehefrau, die das Konto des Mannes überzogen hatte.

Wie immer sehr überzeugend, begründete sie, warum auch ein Mantel benötigt wurde, um bei Regen den super Hosenanzug zu schützen und dass so auch ein Paar hochhackige Schuhe und ein Paar Stiefeletten nötig seien. Sie gab ihm seine Karte zurück und einen kleinen Stapel an Quittungen. Fröhlich lachte sich Bob einen, bis sie bemerkte, dass er außerordentlich guter Laune war:

„Ich scheine dich ja zu amüsieren, mein Schatz, aber du hast wohl auch etwas zu erzählen.“

Er hob sie hoch wie ein kleines Kind und wirbelte sie herum: „Wir haben den Durchbruch. Es liegen Beweise vor, dass Marthas Laden die Zentrale des Cyber-Erpressungsbusinesses ist. Du wirst befördert und darfst nochmal die Shopping Queen sein!“ Seine linke Schulter tat noch ordentlich weh, aber er ließ sich nichts anmerken.

Als er dann nachfragte, wo `Mademoiselle denn heute Abend dinieren wolle`, war er zum x-ten Male im Zusammensein mit Malika verblüfft. „Da wir das letzte Mal in unserem Leben eine Nacht miteinander verbringen werden, reicht uns eine schnelle Pizza oder Ähnliches vom Room Service, Monsieur.“ Bob ahnte, dass die Nacht anstrengend werden würde. Aber das zweite Problem war ein angenehmes!

Im Zug am nächsten Morgen, waren beide zu erschöpft, gleich Marthas Post durchzugehen. Malika knuddelte sich an ihren Helden und sie verbrachten wenigstens eine Stunde im Halbschlaf. Plötzlich kicherte Malika ganz leise.

„Was gibt es denn so Lustiges, mein Kind?“

„Oh, lieber Onkel, ich dachte nur gerade an die Szene, in der ich dich völlig nackt fragte, ob du meine Reserve-Speck-Rolle auf dem Bauch als abschreckend empfinden würdest.“ Lachend schilderte sie die Szene in Details: „Du Macho hast mich nur von unten bis oben abgeschätzt wie auf dem Sklavenmarkt und gesagt: `16 von 20`, du gemeiner Kerl.“

Langsam begannen sie die Post durchzugehen. Malika setzte sich einen Kopfhörer auf, nahm ihn aber wieder ab, als sie Bobs erstaunten Blick sah. Schon bald hatte sie etwas gefunden:

„Warum bezahlen die denn Miete in Genf und Brüssel, lieber Onkel?“ – „Gute Frage, und Elektrizitäts- und Telephon-rechnungen in den beiden Städten sowie in Paris, meine Kleine! Die haben dort offensichtlich Filialen.“

Als sie mit der Post fertig waren, legte sie ihren nagelneuen Mantel über den Bauch und die Beine von ihnen beiden und erlaubte ‚dem lieben Onkel‘, ihre Oberschenkel zu massieren, da es doch ‚so kalt sei in diesen Luxuszügen‘.

Später fragte Bob seine neue Freundin danach, welches Auto sie habe und welches sie sich kaufen würde, wenn sie es sich leisten könnte. Sie begann von einem neuen Fiat 500 zu schwärmen, der zu einem SUV vergrößert worden war. Das war wirklich kein aus dem Rahmen fallender Wunsch! Er küsste sie auf die hohe Stirn und fragte sie direkt: „Was hast du eigentlich mit deinen bisherigen Lovern gemacht? Ich sehe da keine Schlange von Typen, die da Hufe scharrend auf dich warten.“

„Oh, weißt du, lieber Kinderverführer, die meisten der Typen waren von der schnellen Truppe, und das ist nichts für deinen kleinen Liebling. Die anderen wurden wohl schnell verrückt, weil sie nicht herausfanden, mit welcher Malika sie gerade lebten. Ich bin vielleicht ein wenig anstrengend für den Normalverbraucher und benötige eine starke Hand.“

Sie klimperte mit den Wimpern, aber er bemerkte schon, dass sie eigentlich recht traurig über das Erzählte war. So neckte sie mit der Bemerkung, dass sie sich doch keine Sorgen machen solle. Sie hätte ja wenigstens noch zwei bis drei Jahre Zeit, um den Richtigen zu finden. Darüber mussten beide lachen und Klein-Malika fragte den `lieben Onkel`, ob er ihr nicht bei der Suche als Rollenmodell helfen wolle.

Ein wenig später, als sie beide wieder so halb eingeschlafen waren, sagte sie ihm, dass sie ein Kind von ihm wolle, wenn sie endlich erwachsen geworden sei:

„Aber nicht in deinem Harem. Eher mit einem ordentlichen Mann, der die Gene von einem Dritten akzeptieren kann.“

Bob hatte gerade wieder von Mickey geträumt, ein Vorgang, der ihn zu verfolgen begann, weshalb er oft schlechter Laune war, wenn er aufwachte. Oft schaute er nach, ob er noch das Messer in der Hand hatte. Hier hatte er das genaue Gegenteil: Er umarmte Malika: „Der liebe Onkel ist zu allem bereit, um seinem kleinen Mädchen zu gefallen.“

Szene 3: Allgemeine Erleichterung

Vom Flughafen fuhr Bob direkt nach Gex hoch. Latour war nicht da, so dass er ihm die gesamte Post auf den Tisch legen ließ. Er schrieb auf einen großen Umschlag: ‚Beweis für Filialen in Brüssel und Genf' und legte die Miet- und Elektrizitätsrechnungen hinein. Sie waren schon am Golfplatz in Divonne, als Latour anrief, um sich zu bedanken. Stolz berichtete er, dass sie die Personalkartei geöffnet hätten und jetzt dabei seien, alle ihnen noch fehlenden Mitarbeiter von Martha einzusammeln. Bob gratulierte ein wenig ironisch: „Hättet Ihr auch gleich haben können."

Da Malika nicht zu ihrer Mutter wollte, nahm Bob sie mit zu sich und lieferte sie bei Irina ab, die gerade eine kleine Pause hatte. Nach einem kurzen Besuch bei Jela machte er eine Reihe von Anrufen, vor allem um seine Geschäftspartnerin darauf vorzubereiten, dass er jetzt wieder voll einsatzfähig sein würde. Sein junger Kumpel Nikki in Kiew brauchte auch ein paar Ratschläge in Finanzfragen und sein Mercedeshändler war ein wenig eingeschnappt, dass sein Großabnehmer Horner von ihm einen der neuen ‚aufgeblasenen' Fiat 500 haben wollte. Nach einigen Gegenvorschlägen gab er aber auf. Er würde wahrscheinlich den gewünschten Wagen im Internet finden und mit Aufpreis an Bob weiterreichen. Dieser war zufrieden: So würde er das Geburtstagsgeschenk für Malika nicht vergessen.

Abends stellte sich heraus, dass Bobs Haushalt die Gegenwart von Malika als Provokation empfand, obwohl sie ihrer Mutter bei der Vorbereitung des Essens geholfen hatte.

Die geübten Instinkte der Frauen hatten sofort die Konkurrenz wahrgenommen, so dass Lise schnell einen Grund fand, davon zu reden, wie gut es sei, dass die junge Frau nach dem Essen doch mit der Mutter heimfahren könne. Nur Anne fand das etwas merkwürdig. Sie gehörte schon ganz zum Horner-Haushalt.

Sandrines Bemerkungen waren ausgesprochen spitz, als Bob von den Abenteuern in Paris berichtete. Nur Jela und Irina hielten sich zurück. Dann aber kam die entscheidende Frage:

„Seid ihr jetzt sicher, dass Jela nicht mehr unter Druck gesetzt werden kann", fragte Lise.

„Leider gibt es noch die Möglichkeit, dass Martha kurz vor ihrer Festnahme etwas ins Netzt gestellt hat, aber angekommen ist bis jetzt wohl noch nichts. Wenn wir bis morgen früh nichts haben, kann Jela wohl wieder besser schlafen."

Alle sahen die jungen Mathematikerin an: Sie wirkte müde und reagierte, als ob das Ganze sie nichts angehen würde. „Ich bin total ausgeknockt und gehe ins Bett. Vielen Dank für deinen Einsatz, liebe Malika!"

Am folgenden Tag war Bob gerade in einer Besprechung mit Laura, als Lise ganz aufgeregt anrief:

„Shida hat gekündigt! Was hast du mit Malika getrieben, du Lustmolch? Hast du sie entjungfert? Die arme muslemische Mutter ist total verstört."

Bob lachte sich halbtot. „Liebe Lise, du solltest mit Shida über ihr falsches Weltbild reden! Ich war bestimmt drei Jahre zu spät dran für eine Operation solcher Delikatesse. Ihre Tochter kannte sich im Bett schon ganz gut aus." Lise war offensichtlich erleichtert:

„Trotzdem wirst du mit der verstörten Mutter reden und wenn sie bei ihrer Kündigung bleibt, siehst du mich nie wieder, du Wüstling."

In aller Ruhe beendete Bob seine Besprechung mit seiner Kollegin, die Laura allerdings mit einer Bemerkung schloss, die ihm zu denken gab:

„Da ich immer mehr den Eindruck gewinne, dass du eher das Abenteuer als den Beratungserfolg suchst, werde ich mir überlegen müssen, wen ich als Partner in unsere Firma nehmen soll, wenn es dich doch einmal erwischt. Schließlich werden nicht alle jungen Killer-Frauen so schlecht zielen wie deine Mickey!"

Wie immer küsste er Laura wie ein Liebhaber und fuhr bald danach zurück nach Divonne. Dabei war sie eine der ganz wenigen Frauen seines Umfeldes, mit der er nicht geschlafen hatte. Zuhause war alles in Aufruhr; selbst die Kinder wussten Bescheid und sahen in fragend an. Er küsste sie alle ab und meinte als ihr heldenhafter Vater: „Ich werde das mit Shida schon einrenken!"

Bevor er in Genf abgefahren war, hatte er Malika angerufen und ihr die Situation geschildert. Sie war sofort bereit, mit ihm nach Divonne zu fahren.

Hier bat er sie, sich erst einmal in der Garage versteckt zu halten. Als das Essen serviert worden war, schnappte er sich Shida und nahm sie mit sich in die Garage.

„Es tut mir leid, aber ich muss dir wahrscheinlich wehtun, liebe Shida, und du weißt, dass mir dies nicht leicht fällt."
- „Oui, M`sieur."

Den Rest der Arbeit erledigte Malika dann mit solch harten Worten, dass Bob die Beiden allein ließ. So wurde wenigstens sein Essen nicht ganz kalt und Mutter Shidas Tangine mit Pflaumen war schon etwas Besonderes.

Nach einer Weile kamen beide Frauen mit verheulten Augen ins Esszimmer und Bob machte einen Vorschlag:

„Wir alle versprechen, nicht mehr über dieses Ereignis zu reden, und obendrein brauchen wir noch ein Gedeck für Malika. Shida richte ihr doch ein Bett im Gästezimmer ein." Ohne zu verstehen, worum es ging, fanden die Kinder dass dies eine gute Entscheidung war und klatschten Beifall, was die restliche Entspannung verursachte. Lise stand auf und umarmte beide. Nur Bob bekam später von ihr zu hören: „Das mit dem Gästezimmer war wohl nicht nötig."

Am nächsten Morgen kam Jela zu ungewöhnlich früher Stunde in die Küche gerannt: „Es ist nichts in meinen Inboxen! Kinder, ich glaube, ich habe es geschafft!" Und sie schnappte sich den kleinen Til und tanzte mit ihm um den Tisch herum. Weil Lise glaubte, er habe eine ansteckende Kinderkrankheit, durfte er zuhause sein. Jela hielt ihn vor seinen Vater:

„Schau ihn dir genau au, dieser Mann ist nicht nur dein Vater, sondern auch ein Held, der sich für seine Frau geopfert hat."

Bob schnappte sich den Kleinen, hielt ihn vor Jela und sagte: „Schau sie dir genau an, dies ist deine Mutter, die klügste und schönste Frau der Welt. Sieh nur, diese schwarzen Augen und das lange scheinende Haar!"

Da er auch etwas zu sagen haben wollte, krähte der Kleine: „Aber Iri ist doch schöner als sie", und alle außer Malika lachten. „Der wird bestimmt mal Richter oder sowas", meinte Lise ganz trocken."

Als sich Bob bei Malika erkundigte, wie es mit ihrer Mutter und ihr ginge, bekam er einiges an wohlüberlegten Selbstbeobachtungen zu hören. Die junge Frau war sich in dem Konflikt bewusst geworden, dass ihre Schauspielerei nichts anderes war als eine Anpassung an die Erwartungen ihrer Mutter, die sie aber gar nicht erfüllen wollte. Diese auch für sie anstrengende Doppelrolle war ihr zur zweiten Natur geworden.

Sie bedankte sich für die Erkenntnis bei Bob und verabschiedete sich ‚für immer` von ihm. Sie würde nach Lyon gehen, dort habe man ihr ein Angebot gemacht, dass sie annehmen würde, wenn die Leute nicht ‚zu blöd` seien.

Tatsächlich ging es Jela von jetzt an wesentlich besser, wenn auch nicht so brillant wie im Urlaub auf Madeira, und ihre Kräfte waren schnell aufgebraucht. Obwohl sich Anne alle Mühe gab, im Haus zu helfen, waren die Beziehungen zwischen beiden Frauen auf Null abgekühlt.

Am Abend des gleichen Tages verabschiedete Lise dann auch Anne, der Bob eine beachtliche Summe in baren Mitteln für einen Neustart gegeben hatte. Auch hatte er mit Dutoit verabredet, dass sie eine Art Zeugenschutz erhielt, solange viele von Didiers Freunden noch an der frischen Luft waren. Bei der Gelegenheit erfuhr er auch, dass Didier begonnen hatte zu reden, als er hörte, dass Marthas Reisebüro aufgeflogen war. Er gab dies an Anne weiter und klärte seine Erwartungen an sie:

„Als Gegengabe brauche ich bitte eine immer aktuelle Telephon-Nummer von dir, so kann ich dir ab und zu Blumen senden. Und melde dich, falls es irgendwelche Probleme geben sollte. Du wirst verstehen, dass ich es nicht möchte, dass du jemals wieder einen Kontakt zu Jela aufnimmst. Ansonsten helfe ich dir, soweit das möglich ist.“

Nachdem Bob Anne zum Flughafen gefahren hatte, holte er Inspektor Latour zu einer Besprechung ab, die dieser zunächst bei sich in Gex abhalten wollte. Da Bob aber Jela dabeihaben wollte, hatten sie das Meeting zu den Horners verlegt. „Sie hat so viel an der Modellierung des Cyber-Geschäfts mitgewirkt, dass ich ihre Meinung unbedingt brauche“, hatte er als Begründung gebraucht. Wohl auch, weil der Inspektor das neue Arrangement mit dem Verbindungstrakt zwischen den beiden alten Bauernhäusern noch nicht kannte, sagte er zu.

So trafen sich die drei in Jelas Arbeitszimmer mit ihren Zugängen zu den Computern der CERN Welt. Jela warf die Kaffeemaschine und den Tee-Kocher an, und sie begannen mit der Analyse.

Zuerst waren die Aufnahmen der jungen Frauen aus Mickeys Computer dran. Latour hatte mittlerweile Informationen aus den Polizeidateien zu etwa einem Dutzend von ihnen:

„Von diesen Frauen liegen polizeierkenntliche Hintergrunddaten vor, meist kleinere Rauschgiftdelikte, aber nichts bezüglich Erpressungen", erklärte er. Die meist männlichen potentiellen Opfer sind fast alle Spitzenmanager oder Firmeneigentümer. Bisher haben wir sie unbehelligt gelassen außer diejenigen, für die offensichtliche Querverbindungen zu Steuerhinterziehungen nachweisbar sind."

Sie untersuchten Mickeys PC weiter und fanden ihren E-Mailverkehr, dessen Studium allerdings so gut wie nichts hergab. Hier hatte sie wohl regelmäßig alles herausgeworfen, was ihr gefährlich werden konnte.

Dann sahen sie sich eine merkwürdige Sammlung von Selfi-Aufnahmen an, bei denen Mickey nicht vorkam. „Woher hat sie diese Schnappschüsse und wozu dienen sie", fragte Jela und stolz reagierte Latour. „Wir haben uns natürlich auch diese Frage gestellt und haben etwa zwanzig der älteren Herren identifizieren können."

Latour war sichtbar stolz, dass seine Kollegen in Paris und er gute Arbeit geleistet hatten. „In vier Fällen waren Kolleginnen von Mickey die Selfi-Partner der Reichen. Damit sind mehrere Dinge klargestellt. Erstens, die Gangster haben Methoden, sich in private I-Phones einzuhacken. Zweitens ist dieses der einfachste Weg zu Erpressungsmaterial zu kommen. Drittens bleibt die Frage offen, wer Mickey das Material überlassen hat oder von wem sie es gestohlen hat."

Hierzu hatte Jela eine Hypothese: „Der Führungsoffizier von ihr war höchstwahrscheinlich Didier, der sich ja auch sofort einschaltete, als die Dinge mit Anne und ihr schief liefen. So wie sie mit Männern umgehen kann“, und sie sah ihren Mann so unauffällig an, dass es alle beide merkten, „hat sie sich Zugang zu seinem Computer verschafft, womöglich, um auf eigene Faust Spielchen zu betreiben. Obendrein wusste sie dann, wer die Konkurrentinnen für interessante Aufträge waren.“

Mehr war zu dem Zeitpunkt aus Mickeys PC nicht herauszuholen.

Mithilfe Latours Passworten holte sich Jela dann Zugang zu den Dateien von Marthas Computersystemen, die jetzt im Quais d`Orsay gespeichert waren. Die Masse an Daten war wirklich überwältigend, aber Jela war nicht erschreckt. Sie war viel mehr gewöhnt. Bewundernd schauten die beiden Männer zu, wie Jela sich mit großer Geschwindigkeit durch die Dateien durchwühlte. Endlich blieb sie bei einer Source hängen: QQData Mining France, Hauptquartier in Paris, Nebenstelle Lyon. Es gelang ihr, hier einzudringen und sie fanden heraus, dass QQDM auch in mehreren anderen Ländern Videofilmdienste anbot. Als sie tiefer gehen wollte, erhielt sie einen direkten Hacker-Angriff und musste ihre Maschinen ausschalten.

„Schade, es begann gerade, interessant zu werden.“ Sie verriet aber nicht, dass sie hauptsächlich den Videostream von Anne und ihr selber suchen und löschen wollte.

Spätere Besuche der Polizei in Lyon ergeben nur, dass es sich um reine Software Firmen handelt, deren Mitarbeiter nichts preisgeben, aber sofort auf Anwälte verweisen. Daraufhin versucht Jela, die sie interessierenden Videostreams von sich selber durch Eindringen in den Clouds bei QQ zu finden. Sie findet einen Trick, sich in die abgeschalteten Geräte einzuschleichen. Bob und sie sind sich sicher, dass hier genaugenommen kriminelles Handeln beginnt. Nach langen Diskussionen mit Bobs Anwalt legen sie die Situation aber als legitime Notwehr aus.

Szene 4: Die UNO Konferenz

Bob wurde von einem unauffälligen kleinen Privatwagen mit Genfer Nummernschild abgeholt. Die Fahrerin, eine junge Frau, richtete ihm mit starkem amerikanischen Akzent Grüße vom General aus und fügte hinzu:

„Ich bin seine Sekretärin und eine gute Freundin von Maryann, die sie im Laufe ihrer Karriere ja gut kennengelernt haben. Mein Chef meint, dass so ein Auto weniger Aufsehen erregt."

Bob freute sich, von den beiden Mitarbeitern des CIA zu hören, die ihm schon häufiger unter die Arme gegriffen hatten, und hörte sich doch etwas überrascht einige Verhaltensmaßregeln an. Dazu gehörte es, im Zusammenhang mit Steuerfragen weder die Schweiz zu erwähnen, noch seinen Wohnsitz preiszugeben. Außerdem hörte er, dass er nach Inspektor Dutoit auf der Rednerliste stünde, aber auch nicht zu erkennen geben sollte, dass sie sich kennen würden.

„Der Grund all dieser Vorsichtsmaßnahmen ist die hohe Zahl der Teilnehmer an der Veranstaltung, so dass wir nicht sicher sind, was von dem Gesagten später in welche Kanäle fließt. Der häufige Zusammenhang mit Steuerhinterziehungen im Erpressungsumfeld macht den General nervös. Länder mit Problemen in diesem Umfeld, wie die Schweiz, sind deshalb nicht unbedingt faire Partner."

Sie fuhr mit Bob durch den Seiteneingang gegenüber dem Roten Kreuz Hauptquartier in den großen Park, der die Gebäude der UNO beherbergt.

Sie zeigte ihren Ausweis und Bobs Genehmigung. Direkt hinter dem alten Hauptgebäude mit dem Plenarsaal ist das neue Konferenzzentrum mit den vielen Sälen verschiedenster Dimensionen.

Bob wurde zu einem Saal im zweiten Stock geführt, der zu seiner Verwunderung weit über hundert Personen aufnahm. Er sah den General und fühlte sich besser, als dieser ihm zunickte. Neben ihm saß eine Frau mittleren Alters mit einem US Fläggchen vor sich.

Er wurde nach vorne geführt und neben Dutoit gesetzt, mit dem er kurz die Hände schüttelte, und dann kamen mehrere Leute, die darauf bestanden, ihn ebenfalls zu begrüßen. Der Vorsitzende, ein schwergewichtiger Schwarzer, eröffnete die acht und achtzigste Sitzung des Unter-Komitees für ‚Neue Formen der Kriminalität` und machte das Ziel der Sitzung bekannt.

„Nachdem es der französischen Polizei gelungen ist, erstmalig einen großen Cyber-Erpresserring zu enttarnen und viele seiner Mitglieder festzunehmen, laden wir zu einem Erfahrungsaustausch ein. Neben dem Vortragenden der französischen Polizei aus Paris haben wir auf deren Vorschlag hin auch eine Privatperson eingeladen, die das Ziel einer solchen Erpressung war."

Er stellte Dutoit und Bob relativ kurz vor, um dann eine Viertelstunde auf die spezielle Begrüßung jedes Vertreters mit Botschafter-Rang umzustellen. Wenigstens zeigte dies Bob das hohe Interesse an der Thematik.

Dutoit präsentierte daraufhin die von ihnen in Bobs Krankenzimmer entwickelten Thesen und übergab dann an Bob, der zunächst kurz erklärte, was seiner Frau und ihm widerfahren war. Um der Sache die Schärfe zu nehmen, erklärte er dann, dass seine Frau gerade eine Doktorarbeit abgeliefert hätte und so ihre Erfahrungen in ähnlicher Form niedergelegt hätte. „So finden Sie erstmalig eine Doktorarbeit im Protokoll der Sitzung wieder." Er dankte Dutoit, dessen Vortrag man durchaus als ersten Teil seines Vortrages ansehen könne. „Nur gemeinsam machen sie Sinn." Dann wies er auf die Gravität der Taten am Beispiel Jelas Gesundheit hin.

„Ich sehe mich hier in der Rolle eines Provokateurs, der die bisherigen Vorgehensmodelle der Polizei-Arbeit infrage stellen will. Dabei will ich mich auf eine der vielen Varianten der Cyber-Kriminalität konzentrieren, die in der Vergangenheit in der Kategorie der Gewaltverbrechen lag, weil in vielen Fällen Entführungen Bestandteil der kriminellen Aktivitäten waren, nämlich der Erpressung. Leider ist alles, was ich hier darstelle, aus selbsterfahrenen Fakten abgeleitet. Heute geschieht vieles mithilfe des Internets völlig gewaltfrei wie zum Beispiel im Cyber-Bankraub. Ihnen allen ist der Fall der Nationalbank von Bangladesch bekannt, die im Februar dieses Jahres um 81 Millionen Dollar erleichtert wurde. Relativ frei von Gewalt sind auch die meisten, aber nicht alle, der Erpressungen von Jugendlichen im Facebook-Umfeld."

„Hier sollte man die emotionalen Schäden aber nicht unterschätzen, die angerichtet werden. Bei vielen Cyber-Erpressungen und bei Cyber-ID-Diebstahl ist der immaterielle Schaden auch oft der wichtigste."

Er stellte den Projektor an und erklärte das Business-Modell der Gesellschaften, die so sauber auftraten, dass man nicht in ihre Karten sehen konnte.

„Nach meinen Unterlagen ist im letzten Jahr in Deutschland mit zirka achtzig Fällen von Cyber Erpressungen zu rechnen, von denen nur fünf der Polizei bekannt wurden. Gelöst wurde keiner. Der Durchschnittswert dieser ‚Geschäftsvorgänge' lag bei drei Millionen Euro, was ein Volumen von ungefähr einer Viertel-Milliarde ausmacht. Anzeigen bei der Polizei vor der Zahlung des Lösungsgeldes: Null. Wenn man der UK, Frankreich und der Schweiz ähnliche Zahlen unterstellt, heißt das, dass im Jahr in Europa ein Reichtumstransfer von wenigstens einer Milliarde stattfindet."

Ein Raunen ging durch den Raum. Viele begannen mit dem Nachbarn zu reden, so dass der Chairman zur Ordnung rufen musste. In seinem typischen britischen Stil machte Bob nur klar, dass dieses sowohl bei den Erpressern als auch den Erpressten Steuerprobleme hervorrufen würde.

„Wenn man nach der Devise lebt, nur nicht aufzufallen, ist es nicht gerade elegant, dem Finanzamt zu erklären, dass man gerade drei Millionen aus einem nicht erklärten Konto bezahlt hat."

Im allgemeine Gelächter fügte er hinzu: „Ähnlich schwierig ist es diesen industriellen Erpresserfirmen, häufige Geldeingänge in eben dieser Höhe zu begründen. Eine dritte Nähe zu Steuerfragen ergibt sich durch das Hacken von Konten oder Briefkastenfirmen in Steueroasen. Die gefunden Namen sind ideale Ziele für Erpressungen."

„Ein weiteres verstecktes Thema ist das, was mit den enormen Summen gemacht wird. Nehmen sie nur einmal an, dass Islamisten die Erpresser erpressen. Dann wissen wir, wohin das Geld fließen würde."

Danach ging er wie an der Universität die Punkte durch, die Jela und er herausisoliert hatten.

„Wenn sie es mir erlauben, gebe ich ihnen einige Ratschläge zur Bekämpfung der Cyber-Erpressung. Erstens stellen sie eher Manager ein, die den Umgang mit Risiko verstehen und an zweiter Stelle IT- und Video-Spezialisten. Diese werden die notwendige Kultur schon mitbringen. Das Ungewöhnliche in diesem Umfeld ist, dass die Geschädigten von sich aus kaum Strafanträge stellen werden. Die Behörden brauchen also klare Richtlinien, wie sie vorgehen wollen. Bei Steuerhinterziehungen dürfte das leichter sein, in allen anderen eher nicht. Sie müssen sich im Klaren sein, wieviel parallele Geldströme sie zulassen wollen."

„Die quasi-industrielle Dimension meines eigenen Falles hat mich über die Möglichkeit einer weitergehenden Gefahr hinweisen, die der automatischen Cybererpressung", meinte Bob am Ende seiner Ausführungen. „Diese besteht darin, dass Hacker ihren Computer still-legen und von ihnen ‚Kostenbeiträge' verlangen, damit sie ihn wieder benutzen können. Die Hacker machen das tausendfach und dann lohnt es sich schon bei kleinen Beträgen. Stellen sie sich ein Krankenhaus oder eine Bahngesellschaft vor, denen man eine zentrale Applikation lahmlegt. Da spielen doch einige zehntausend Euros keine Rolle."

Er war so aufgekratzt, dass er abends lange brauchte, bis er einschlief. Es fielen ihm Dinge ein, die er noch hätte erwähnen oder hervorheben können. Am nächsten Morgen, einem Samstag, holte ihn Töchterchen Lena zurück in die Wirklichkeit. Sie stand frierend neben dem Bett ihres Vaters und traute sich nicht, zu ihm ins Bett zu kriechen:

„Lise sagt, dass Deine Schulter noch krank ist und ich deshalb nicht zu Dir ins Bett darf.“ Bob blinzelte mit den Augen: „Nun eine Ausnahme müssen wir ihr ja nicht verraten.“ Lena knipste ihr Lächeln erster Klasse an und war schneller im Bett als der Blitz.

ENDE

Übersicht der Handelnden

Der Horner-Klan

Daniela Horner (Jela): Hochzeit in 2008 mit Robert (Bob) Horner in Hawaii; lebten in San Franzisco, Umzug in 2010 nach Genf, dann nach Divonne, Frankreich

Die Kinder

in 2010: Tochter Marlene(Lena), geboren in Kalifornien
in 2012: Adoption von Ahmed (geboren in 2004) und Jaim (geboren in 2008 auch in Saudi Arabien) in Genf, Schweiz
in 2013: Sohn Til geboren in Genf, Jela arbeitet im CERN
in 2014: Adoption von Charlotte (Carla), geboren drei Monate nach Til, beide genannt ‚die Zwillinge'
Ende 2014: Tochter Amélie in Genf, Mutter Sandrine

Die Mitglieder des Haushalts

Seit 2013 wohnt Sandrine bei den Horners, Volksschul-Lehrerin; seit einigen Jahren Schulleiterin
Seit 2014 wohnt Kinderärztin Lise nebenan; die beiden Häuser werden verbunden, Lise betreut Jela nach dem Mordversuch an ihr; Lise wird in den Klan aufgenommen
Seit 2015 arbeitet die Lettin Irina in der Praxis, auch sie wird Kinderärztin;
Die Marokkanerin Rashida, Shida genannt, ist die Chefin in der Küche, Tochter: Malika mit zwei Kindern

Sonstige Personen

Kevin: Klassenkamerad von Ahmed im Internat
JP (Jean-Pierre): Klassenkamerad von Lena
Sybil: Milliardärsfreundin von Bob in Bad Homburg
Peer und Siggi: Söhne von Sybil
Laura: Ex-Chef der Mega Bank für Europa in Genf, damals Chef von Bob, jetzt Partner in Bobs Firma
Jerry: Chef der Beratungsfirma der Mega Bank in Frankfurt
Tinneke: Jerrys Frau, Patentanwältin mit zwei Kindern
Nikki: Oligarch in Kiew; Frau Nicole, ehemalige Soldatin
Gregor: Chef der Mega Bank Filiale in Odessa, Ehefrau Elena, Dolmetscherin
Rana: Chefin von Jela im CERN, Genf
Narud: Chefin eines Software Start-Ups in Australien
Mischa: Chef einer Satelliten Firma in Berlin

Polizei:
In Gex/Jura: Inspektor Latour
In Paris: Inspektor Dutoit

Erpresser:

Anne: auf Jela angesetzt, Inhaberin einer kleinen Modefirma (Prèt-a-Porter) in Paris
Michaela (Mickey): Aushilfsmodel, gibt vor, Studentin zu sein
Didier: Mitglied der Eingreiftruppe der Erpresser-Organisation
Martha: Leiterin eines Internet-Reisebüros in Paris

Über den Autor:

Als Sohn eines amerikanischen Offiziers und einer Deutschen wuchs Larry B. Ritter in dem Nachkriegsumfeld der USA und Deutschlands auf, wo sein Vater im Frankfurter Hauptquartier stationiert war. Mit unermüdlicher Unterstützung seiner Mutter entwickelte er ein hervorragendes Kommunikationstalent, das er unter anderem als Schulsprecher seiner Heimatstadt zur Geltung brachte. So lernte er sehr früh, Interviews im Radio zu geben und Vorträge vor großen Audienzen zu halten.

Ein spezielles Trainee-Programm in einer der bedeutendsten deutschen Industriefirmen gab ihm eine praxisnahe Erfahrungsbasis, die er mit einem MBA-Diplom abschloss. Schon während der letzten Semester an der Universität war er als Dozent an einer Wirtschaftsfachschule tätig.

Mit diesem Hintergrund übernahm er das Management des weltweiten Ausbildungszentrums einer der einflussreichsten U.S. High Tech Firmen in Kalifornien. Fünf Jahre später übernahm er die Rolle des persönlichen Beraters des europäischen Präsidenten einer der US Computer Giganten in Genf. Hier leistete er wesentliche Beiträge zum Aufbau der Filialen in allen west-europäischen Ländern. Mit einer Französin verheiratet, wurde er schnell dreisprachig.

Als die politischen Spiele großer Corporations ihm zu lästig wurden, begann Larry B. Ritter seine Karriere als selbständiger Management-Berater und Coach.

Schnell hatte er hier enorme Erfolge, u.a. deshalb, weil er die beratenden Organisationen befähigte, unabhängig von den üblichen Heerscharen junger unerfahrener Berater erfolgreich zu sein. Sein Motto war einfach: „Wenn ich Eure Firma verlasse, müsst Ihr selbst in der Lage sein, ohne mich erfolgreich zu arbeiten."

Einige fünftausend Flüge und Aufträge in dreißig Ländern später, konzentrierte er sich dann auf die Unterstützung von Start-Up Firmen in Berlin und Genf. Bis heute ist er in diesem Sektor tätig.

Genf, im Sommer 2016

Aus Larry Ritters Serie von Wirtschaftskrimis sind bisher beim Verlagshaus Schlosser die folgenden Werke erschienen:

Beschleunigte Lebensabwicklung
ISBN: 978-3-86937-620-2

Larry Ritters Romanheld Bob Horner wird in eine morbide Geschichte von zurückgekauften Lebensversicherungen verwickelt, die seine Frau dann zu einem glücklichen Ende führt.

Eine chinesische Babuschka
ISBN: 978-3-86037-636-3

Nach Genf abgeworben, schließt Bob Horner einen Aktienkauf in Deutschland größeren Umfangs mit chinesischen Investoren ab, was mehrere ernste Überraschungen mit sich bringt.

Der Schleusenwärter von Kiew
Ukraine im Frühjahr 2014
ISBN: 978-3-96086-039-6

Als Verwalter des Vermögens vieler ukrainischer Oligarchen spielt Bob Horner ungewollt die Schicksalsfee für Viele in diesem Land.

Aus Larry Ritters Serie von Wirtschaftskrimis sind bisher beim Buchwerk Verlag die folgenden Werke erschienen:

Ein Asymmetrischer Krieg
Ukraine in der 2. Hälfte 2014:
ISBN: 978-3-96086-041-9

Die Verlierer im Wirtschaftskrieg zwischen Russland und dem Westen rächen sich an Bob Horner, der seine Familie und seine Freunde mit einigen Listen schützen muss.

Blut im Asowschen Meer
Ukraine 2016
ISBN: 978-3-96086-040-2

Nachdem der Finanzkrieg im Osten das Leben seiner Frau kostet, beteiligt sich Bob Horner an risikoreichen Manövern, um sich an seinen Feinden zu rächen.

Pokern in Athen
Herbst 2014
ISBN:978-3-96086-081-5

Die Ferien des Horner-Klans geraten zur Katastrophe: Es braucht den Einsatz des internationalen Fernsehens, um Klarheit in die Hintergründe zu bringen.

Seltsames in Australien
Herbst 2015
ISBN: 978-3-96086-082-2

Merkwürdige Dinge geschehen um zwei Besuche am Ayers Rock herum. Bob Horners Tochter und seine Geliebte brauchen lange, um sich zu erholen.

Saubere Cyber-Verbrechen
Madeira 2016
ISBN:978-3-96086-083-9

Opfer einer raffiniert eingefädelten Erpressung, verteidigt sich das Ehepaar Horner, um eine Bloßstellung von Jela im Internet zu verhindern.

In Vorbereitung sind die folgenden Werke der Bob Horner Serie:

Intellectual Property Games
Florida 2016

Während der Ferien in Florida wird Bob Horner in das internationale Tauziehen um ein auch militärisch verwendbares Patent verwickelt. Gelingt ihm eine Lösung auch ohne das Eingreifen der Regierungen?

Lektionen auf dem Nil
Ägypten 2017

Für ihre Flitterwochen hat sich Irina, die neue Frau Horner, eine Reise auf dem Nil gewünscht. Sie nutzen die Zeit für unterschiedliche Lektionen, und Bob muss einem Freund mit einer kreativen Lösung helfen.